NOTICE

sur

L'ABBAYE D'AUTREY

D'APRÈS DES DOCUMENTS INÉDITS

ÉPINAL
V. COLLOT, IMPRIMEUR

1884

NOTICE

SUR

L'ABBAYE D'AUTREY

D'APRÈS DES DOCUMENTS INÉDITS

ÉPINAL
V. COLLOT, IMPRIMEUR

1884

AVANT-PROPOS

L'abbaye d'Autrey, créée à une époque où tant de maisons religieuses avaient besoin d'une réforme, et où les Prémontrés, fondés par St-Norbert, 1122, attiraient plutôt l'attention, n'a été l'objet d'aucun travail un peu important. J. Ruyr, D. Calmet et Hugo, puis les auteurs de la *Gallia Christiana* seuls en ont écrit quelques pages. Dans nos recherches particulières, nous avons retrouvé quelques manuscrits rédigés au commencement du siècle dernier par des religieux de l'abbaye, et même quelques titres originaux perdus jusqu'ici. Ce sont ces documents que nous nous sommes efforcé de réunir et de grouper, pour compléter autant que possible la liste de ses abbés et conserver quelque souvenir de son passé.

Il existe trois manuscrits traitant des choses anciennes d'Autrey. Deux de ces ouvrages ont été fondus dans ce recueil, ainsi qu'y sont analysés ou copiés les titres qu'ils contiennent. Ils viennent du P. Dumoulin, procureur de l'abbaye vers 1721. Le 1er a été écrit pour la mense conventuelle, le 2e pour l'abbatiale et adressé à l'abbé Duval. Le 3e est un peu postérieur et vient du P. Fatet, qui avait été envoyé à Autrey un peu en pénitence, pour les incartades de son esprit.

Tous trois proviennent des archives de l'abbaye. Ce 3ᵉ a été retrouvé par hasard parmi les vieux papiers d'un épicier de Rambervillers. Ils ont mis à contribution J. Ruyr.

Ce qui est dit sur le pèlerinage de Sᵗ-Hubert, est tiré de ce que j'ai pu recueillir dans un 4ᵉ manuscrit qui doit se trouver à la cure de Rambervillers ; il s'y trouvait encore en 1868.

Cette notice, que je donne ici sur l'abbaye d'Autrey, est le résultat des recherches de M. Deguerre, docteur à Rambervillers. Plein d'ardeur pour les choses antiques, il avait d'abord dirigé ses études sur la châtellenie de Rambervillers, le comté de Romont, de Mortagne et autres localités. Mais un jour il eut la bonne fortune de mettre la main sur des documents qui avaient appartenu aux archives d'Autrey, avant la Révolution ; et dès lors il passa de longs jours à prendre des notes et à préparer l'analyse de ces documents qu'il avait trouvés.

A sa mort, il me les a légués, comme souvenir d'une vieille amitié. Il n'a jamais pensé, je crois, à les faire imprimer ; mais il m'a semblé que ces pages, si imparfaites qu'elles soient, pourraient ne pas déplaire à quelques amateurs d'antiquités vosgiennes, et donner à quelques lecteurs plus érudits que moi la pensée de reprendre ce travail et de le perfectionner.

Je dois prévenir le lecteur bienveillant de n'y pas chercher une histoire proprement dite. L'abbaye d'Autrey semble avoir accompli ses destinées dans l'obscurité et le silence, et dans la pratique quotidienne des devoirs cénobitiques, sans prendre, aux grands mouvements de l'histoire et de la vie des peuples, une part active qui l'impose à l'attention de la postérité. Aussi cette notice est plutôt un simple récit chronologique d'après les anciens titres de l'abbaye et faisant connaître l'époque de la fondation, la liste des abbés, les acquisitions diverses de terrains, leurs transformations et la fin du monastère. Je n'ai rien trouvé qui puisse servir à animer cette analyse un peu sèche et monotone ; pas de détails intimes qui fournissent matière à des portraits et tableaux, et fassent revivre sous les yeux un moment, une époque. C'est mon regret, comme ce sera le regret du lecteur le plus indulgent.

Je termine cet avant-propos par les deux réflexions suivantes du docteur Deguerre.

« Dans les études historiques sur notre pays, on ne peut passer sous silence les établissements religieux, quelque humbles qu'ils aient été, car la vie religieuse occupait la plus large part dans la vie commune et la vie sociale. Et ces établissements rappellent ce côté si important de l'existence de nos ancêtres. Leur histoire, d'ailleurs, n'est pas entièrement dépourvue d'intérêt, et pourrait offrir parfois quelques documents dignes d'être sauvés de l'oubli qui les menace. J'ai recherché tous les documents imprimés au sujet d'Autrey, mais bien peu nombreux. Je n'ai négligé aucun des titres que la dispersion ou la destruction a pu encore avoir épargnés. » — Et plus loin : « Il n'est si petite localité qui n'ait ses souvenirs ou traditions, mais les témoignages en disparaissent tous les jours. Voilà le motif qui m'a fait recueillir tous les documents qui pourraient constituer ce que nous n'oserions appeler l'histoire de l'abbaye; mais ces chroniques, si peu intéressantes qu'elles soient, quelque effacée qu'ait été la vie de l'antique monastère, je n'ai pas cru devoir dédaigner les souvenirs lointains du passé comme étrangers à l'histoire locale. »

Je partage en deux périodes cette notice : La première allant de la fondation, vers 1144-47 à 1656, où elle fut unie à la Congrégation de N.-Sauveur. Et la deuxième de 1656 à la Révolution, où l'abbaye disparut sans faire grand bruit.

Quelques erreurs ont pu m'échapper. Je n'ai pu recourir aux textes originaux et j'ai dû m'en tenir aux notes et aux copies qui sont entre mes mains.

INTRODUCTION

Le XIIe siècle, malgré la querelle des Investitures qu eut pour quelques monastères des suites si funestes, fut pour les institutions religieuses une époque de grandeur et de gloire. L'ordre des Chartreux et les ordres militaires établis à la fin du XIe siècle et au commencement du XIIe, prirent bientôt un rapide accroissement. St Norbert de Xanten avait fondé, près de Couci, Prémontré en 1122; et l'arbre majestueux de St Benoît donnait naissance à un rejeton vigoureux : l'ordre de Citeaux était créé en 1110, et St Bernard qui éclaire ce siècle ne tarde pas à jeter sur Citeaux et Clairvaux un éclat prodigieux.

La Lorraine eut l'honneur de s'associer à la rénovation des ordres monastiques ; sans parler de fondations nombreuses faites par des ducs ou autres seigneurs, nous trouvons l'Etanche, abbaye cistérienne fondée en 1148 par Adelaïde, nièce du duc Mathieu Ier. De l'ordre des Prémontrés, Flabémont fondé par Hugues Ier. comte de Vaudémont; Bonfays, en 1155, par Guillaume d'Arches ; Mureau et Rengeval vers 1150.

Les chanoines réguliers de St Augustin virent s'ouvrir aussi pour eux un grand nombre d'abbayes nouvelles : St-Sauveur de Toul, par l'évêque Udon ; l'abbaye de St Léon dans la même ville, celle de Chaumousey un peu plus tôt, Belchamp, près Bayon, l'abbaye du Val de Ste Marie et celle de St-Pierremont. Il y eut aussi beaucoup de prieurés fondés dans cette période remarquable : Gondrecourt, St-Jacques à Neufchâteau, le St-Mont, St-Nicolas de Port, St-Christophe à Vic par Widric, seigneur de Deneuvre, 1110, qui lui donna autant de terres que huit bœufs en pouvaient labourer dans un jour, et une place pour cuire du sel ; le prieuré d'Hérival (lieu sauvage nommé Apre-vaux, *aspera vallis*) dont la règle d'abord trop sévère fut abandonnée bientôt et mitigée en 1216 par le pape Honorius III, ou plutôt ce fut la règle de St-Augustin qui leur fut donnée.

Enfin l'abbaye d'Autrey, objet de cette notice, fondée par Etienne de Bar, évêque de Metz.

Le nom d'Autrey entre dans la formation d'un grand nombre de localités, ce qui suppose une disposition topographique commune formant le radical de leurs noms. En Lorraine, plusieurs lieux portaient le nom d'Autrey, dans les Ardennes et en Bourgogne.

Outre celui d'Autrey-sur-Mortagne, il y en avait un sur Madon ou Brenon, près de Vézelise et Haroué. On connaît plusieurs seigneurs d'Autrey sur Brenon aux XIe, XIIe et XIIIe siècles et il est parlé souvent de la forteresse d'Autrey-en-Xaintois. C'est cette dernière que détruisit l'évêque Adalbéron de Metz contre Theoderic de Lanfroicourt, en même temps temps qu'il ruinait Vendœuvre du comte Berald, situé dans le Chaumontois.

La confusion d'Autrey-sur-Madon, ancien fief du comte de Vaudémont, avec Autrey des bords de la Mortagne, a été faite assez fréquemment par des historiens anciens et modernes, et aussi par les auxiliaires qui, sous la direction de D. Calmet, rédigeaient sa *Notice*.

Alteriacum, Atreium, Alteria, Autereium.

Autrey, en patois *Atré*, *Atrey*, vient-il d'*Atrium*, enceinte, cimetière ? Ce nom n'aurait-il pas été originairement celui de la contrée qui comprenait un cimetière gallo-romain dans les forêts entre Brouvelieures et Fremifontaine, et qui jadis aurait servi à toute la contrée ? Ce sont ces ruines qui ont été prises à tort ou à raison pour une Commanderie par Gravier. (V. note A.)

Le village d'Autrey, comme beaucoup d'autres, ne doit son origine qu'à la maison religieuse autour de laquelle il s'est formé, d'abord composé des fermiers du couvent, puis peu à peu d'ouvriers de tous genres. C'était d'ailleurs non-seulement l'emplacement de l'abbaye et plus tard du village qui portait ce nom, mais toute la contrée jusqu'au Mont-de-Repos, dont la montagne voisine s'appelait et s'appelle encore le Haut de Rambervillers, dont il domine tout le bassin.

C'est là sur la Mortagne ou petite Meurthe (*Mortanna*, (1) *Mortesma* 1185, *Mortema*), que vers 1144-1147, Etienne de Bar, évêque de Metz, fonda l'abbaye d'Autrey.

En 1120, Etienne, frère de Renaut comte de Bar, songea à réunir ses deux châtellenies de la Haute-Moselle et de la Meurthe, Epinal et l'antique Danubrium. Il acheta de plusieurs petits seigneurs les fiefs qui formèrent ensuite, sous la domination temporelle des évêques de Metz, la châtellenie de Rambervillers, relevant encore des ducs de Lorraine. De ces seigneurs, le principal possesseur du

---

(1) La date précise est incertaine. C'est 1144, 1145 ou 1147 pour ceux qui prétendent que l'abbaye fut établie par Etienne de de Bar, avant son départ pour la croisade. Et 1150, pour ceux qui placent la fondation après son retour. La tradition de l'abbaye est pour 1145.

sol était le seigneur de Rambervillers qui avait donné son nom à son alleu situé sur les bords de la Mortagne ou Mortanne, et qui possédait encore une maison forte ou château fortifié à Villé, près Nossoncourt.

Rambervillers (1) n'était alors qu'une métairie avec quelques habitations de serfs groupées dans son voisinage, au milieu d'une plaine bien ouverte, au confluent de plusieurs petites rivières. Rambaut ou Regimboldus qui lui donna son nom était comte de Mortagne aux Xe et XIe siècles, Mortagne fit auparavant partie du comté de Romont. Etienne de Bar résolut d'en faire le point central de sa nouvelle possession, l'entoura de fossés revêtus de palissades pour mettre le vicus naissant à l'abri des bandes de pillards qui parcouraient trop souvent le pays.

En lisant la bulle de Lucius III, donnée en 1182, en confirmation de la fondation et des libéralités faites par Etienne de Bar et par plusieurs seigneurs pour Autrey, on est frappé de ce fait, que contrairement à tous les dénombrements de cette époque, il n'est question que de propriétés foncières et de redevances, et cet acte assez explicite ne mentionne plus aucune possession en hommes et en femmes. Il en était déjà de même de la confirmation donnée par Thierry évêque de Metz, 1176. Ce que Guillaume aux blanches-mains, archevêque de Reims, fit en 1182 pour la petite ville qu'il fonda et appela Beaumont, Etienne l'aurait-il déjà fait pour la ville qu'il fonda sur la Mortagne 50 ans auparavant? Si cela est, il l'aurait fait dans le même but, celui d'y attirer la

---

(1) La cure de Rambervillers dépendait de l'abbaye de Senones et avait pour paroisse Jeanménil dont la tour romane existe encore.

population par l'espoir d'un sort moins rigoureux, en supprimant le servage autant que possible. Cependant le même Etienne, quand il fonda le Moniet, 1126, lui avait donné 2 ménages de serfs à Vacqueville et 2 à Nossoncourt.

D'où venaient les premiers religieux établis à Autrey par l'évêque de Metz ?

Il est à peu près certain qu'ils sortaient d'Etival. Cette abbaye célèbre était tombée en commende depuis la donation qui en avait été faite par Charles le Gros à son épouse Richarde. Une partie de ses biens et de ses privilèges avaient été distraits au profit de l'abbesse d'Andlau, qui ne lui furent rendus qu'en partie au siècle suivant par Frédéric Ier, tout en restant sous la juridiction des abbesses. Mais les moines étaient fatigués de leur sujétion aux religieuses et ne trouvaient plus à se recruter. Au milieu du XIIe siècle, ils n'étaient plus qu'au nombre de 5 ou 6. Telle fut la cause de leur départ et de leur abandon de leur antique abbaye, quand, d'accord avec le duc Mathieu et la duchesse Berthe de Souabe, son épouse, nièce de l'empereur Conrad III, Etienne de Bar leur offrit un refuge qu'il construisit pour eux à Autrey où il les introduisit avant de partir pour la croisade de Louis VII. Il partit avec l'évêque de Toul, Renaut, comte de Bar, Simon de Paroye et le comte de Vaudémont.

Pendant ce temps des Prémontrés, sous la conduite de l'abbé Gilbert, prenaient possession d'Etival d'accord avec Henri, évêque de Toul frère de Simon et fils du duc Thierri Ier et oncle du duc Mathieu Ier.

Quant à l'abbesse d'Andlau, elle ne pouvait refuser son

assentiment à une mesure qui d'ailleurs ne changeait rien à sa position ni à ses droits sur Etival.

Ni la chancellerie épiscopale, ni les archives de l'abbaye d'Autrey ne purent, dans leur long procès, produire le titre primordial de la fondation d'Autrey, mais toujours on considéra la bulle de confirmation donnée par Lucius III, 1182, comme en tenant lieu et comme l'exacte reproduction de ses dispositions fondamentales.

Les religieux introduits à Autrey étaient des chanoines réguliers de Saint-Augustin. Ces chanoines prétendaient avoir eu pour fondateurs les apôtres eux-mêmes, s'appuyant du reste sur l'autorité des papes Eugène IV, Benoît XII et Pie V, dont les bulles font remonter l'origine de l'ordre canonique jusqu'au temps des apôtres. Cette opinion a été combattue par Pierre Damien.

Le P. Thomassin attribue à St Augustin la gloire d'avoir le premier établi des communautés ecclésiastiques, après son élévation en 395, au siège d'Hippone. Il ajouta en effet à la vie et à la piété cléricales du clergé de son église la vie commune, le renoncement à la propriété.

Quoique regardé comme le premier instituteur des communautés ecclésiastiques, il ne dressa pas de règle particulière. Il se contenta de la règle et de l'exemple des apôtres, qui avaient enseigné la pratique de la vie commune et de la pauvreté volontaire. Le P. Héliot ajoute : « Comme dans la suite beaucoup d'évêques, firent vivre aussi leurs clercs en commun, dans l'observance exacte des canons des conciles : ceci leur fit donner le nom de Canonici.

Ce ne fut que dans le XIIe siècle que l'on donna aux chanoines réguliers le nom de St Augustin.

Ceux qui suivent la règle de St Augustin, religieux ou religieuses, ne reconnaissent pas d'autres règle que l'Epitre 109 de St Augustin, adressée à des religieuses. Un concile tenu à Rome par Nicolas II, en 1059, les exhorta à la vie commune telle que la pratiquaient les apôtres, c'est-à-dire à n'avoir rien en propre. Et pareille recommandation fut faite en 1063 par Alexandre II.

L'ordre canonique devint florissant, l'observance l'ayant mis en réputation. Et la réforme ayant été poussée jusqu'à l'exclusion de toute propriété, elle les rendit sur cet article conformes aux moines, et ils furent appelés chanoines réguliers dans le XIe siècle. C'est l'usage des vœux solennels introduits parmi eux, les pratiques monastiques qu'ils suivirent au XIe qui les fit incorporer dans l'ancien clergé régulier et firent appeler leurs maisons abbayes et monastères. Urbain IV leur accorda une bulle de protection et de confirmation en 1096, confirmée en 1103 par Pascal II. Alexandre III leur prescrivit la règle de St Augustin à perpétuité et l'usage de l'habit noir.

C'est au XIe siècle que les chanoines réguliers s'établirent dans les Vosges, à Chaumousey, à St Léon de Toul, dans le temps où les anciens chanoines suivant la règle d'Aix-la-Chapelle étaient peu à peu tombés dans le relâchement. Au XIIe, l'institution des Prémontrés par St Norbert n'est que la réforme des chanoines réguliers avec substitution de l'habit blanc au noir, ce qui fut l'objet de diatribes si violentes de Hugues Metellus dans ses lettres (D. Hugo sur Hugues Metellus.) (V. note B).

Quelle était la nature de leur constitution ? Elle était assez sévère. Dans les métairies qu'ils exploitaient, ils ne pouvaient résider moins de 2 ou 3 à la fois. En voyage ils devaient conserver le genre de vie du couvent. Aucun profession avant 18 ans. Les offices, les repas, le travail, le repos, tous les détails du vêtement étaient réglés comme les heures de silence et de conversation, comme la nourriture et les jeûnes prolongés. De plus, dans quelques maisons comme Hérival se pratiquait un genre de vie plus austère dès le début, mais bientôt forcé de se relâcher. Et il est à remarquer que ce fut cette maison qui accepta le plus difficilement la réforme du XVII.

Les chanoines réguliers d'Autrey n'étaient pas seulement des hommes de prières et de méditations comme le nom pourrait le faire croire. Le travail des mains, au moins dans les 1ers siècles de leur existence, leur fut spécialement recommandé. L'aumône généreuse aux pauvres du lieu fut une obligation générale de la fondation de presque tous les couvents, au moins tous les dimanches et fêtes et tous les jours aux pauvres passants.

Pour eux, il existait même à Autrey la salle des hôtes où ils étaient logés pour plusieurs jours, et recevaient tous les soins que demandaient leurs besoins et que ne rebutait jamais la charité.

Cette constitution des débuts des chanoines réguliers était bien différente de ce qu'elle devint sous l'influence du temps.

Quant au costume, rien dans la bulle ni dans les autres actes ne peut faire supposer quel fut le costume primitif de ces religieux, celui sans doute qu'ils portaient à

Etival. D'après Hugo, le costume des chanoines réguliers aurait été blanc dès l'origine, variant d'ailleurs dans chaque province. Tout porte à croire que leur vêtement était noir, surtout depuis Alexandre III, mais qu'à une époque inconnue peut-être, dans l'intervalle de 1209 à 1270, où nous ne trouvons indiqué aucun abbé d'Autrey, quelque abbé choisi par les évêques, parmi les Prémontrés, y aura introduit et fait adopter le vêtement blanc de la réforme opérée parmi les chanoines par St Norbert.

Le même fait avait eu lieu chez les chanoines réguliers de Saint-Pierremont alors Standelmont, quand Etienne de Bar avait donné à ceux-ci 1155 un abbé tiré de l'ordre des Prémontrés, les religieux en ayant gardé le vêtement blanc jusqu'en 1603, comme ceux d'Autrey le conservèrent jusqu'en 1608.

L'abbaye d'Autrey n'eut jamais grande importance et ne peut ni par les richesses, ni par la science, ni par le nombre de ses religieux, être en rien assimilée aux grandes abbayes des Vosges : cependant l'histoire de sa fondation au milieu d'immenses forêts, peut attester combien dès son origine elle dut contribuer à l'aisance du pays. Des prés marécageux furent assainis, des terres abandonnées aux broussailles et aux ronces furent défrichées par les religieux ou par leurs soins. Les domaines d'Autrey ne furent jamais bien considérables. Ce que l'abbaye possédait autour d'Autrey était de la plus mauvaise nature de sol : sa seule propriété de Voivre avait quelque importance. Les forêts qui faisaient partie de sa dotation ne furent longtemps d'aucun revenu; quand elles commencèrent à en fournir, vinrent en même temps les querelles et vexations, les procès ruineux. Avec cela Autrey fut souvent en butte aux dévastations des seigneurs belligérants et des armées étrangères.

Ainsi en 1342, les troupes du duc Raoul et du comte de Salm se battent contre celles d'Adhémar, évêque de Metz, près d'Autrey qui est ravagé : nouveaux désastres pour l'abbaye en 1475, par les Bourguignons de Charles Le-Téméraire combattant contre le duc René : et enfin l'abbaye est ravagée et ruinée par les Suédois et les Français vers 1635. Mais l'abbaye éprouva peut être encore plus de dommages par le fait même des successeurs de son fondateur, les évêques de Metz. L'abri que leur offrait leur maison de refuge, à Rambervillers, fut trop souvent impuissante à les protéger contre les exactions et pilleries des gens de guerre passant et repassant, comme leurs titres contre les chicanes et les poursuites des officiers épiscopaux.

Mais l'administration sage et l'économie des religieux parvint toujours à réparer les désastres de la violence jusque 1656, époque où ils se réunirent à la congrégation de N. Sauveur pour se relever et se réformer.

Les désastres au contraire, de la part des évêques de Metz, furent incurables, et quelques années avant la Révolution, l'abbaye était mise à deux doigts de sa ruine par un procès séculaire qui n'attaquait pas moins que sa fondation même par Etienne de Bar.

Les Religieux d'Autrey paraissent avoir exercé une influence heureuse sur les environs. Ils vivaient en paix avec tous, et leurs fermiers particulièrement justifiaient le proverbe qu'il fait bon vivre sous la crosse. J'ai dit qu'ils avaient fertilisé les terres et assaini les prairies.

Ils introduisirent aussi l'industrie dans les régions jusqu'alors incultes et sauvages. Ils eurent une forge, une tuilerie, des moulins. Et tout en vaquant à la prière, aux œuvres pies, en faisant résonner ce vallon désert des louanges de Dieu, ils amenaient le progrès matériel, le bien-être et la prospérité pour tous. Ils y eurent même une vigne. ; Leurs fermiers devinrent les fondateurs du nouveau village, et tous acquirent de l'aisance. Ajoutons que, vu le terrain assez ingrat concédé par Etienne de Bar, les Religieux d'Autrey durent avoir au début grand peine à y subsister au milieu des forêts et des voivres qui les recouvraient. Ils ne l'eussent probablement même pu sans quelques donations à eux faites dans la suite par les seigneurs du pays.

Quelles étaient les armes de l'abbaye ? Nous n'avons pas trouvé le sceau abbatial et conventuel, mais nous pouvons le conjecturer d'après un abornement fait en 1673 entre les possessions conventuelles et abbatiales. Les bornes portent une crosse du côté de l'Abbé, et une rose du côté des chanoines.

Cependant cinq ou six abbés ont eu des armoiries spéciales, qui se trouvaient sculptées sur une pierre près de la base de la première travée de l'église reconstruite au commencement du XVIIIe siècle. Et aujourd'hui cette travée a été démolie, sans qu'on ait pris soin ni de dessiner ni de conserver ce dernier souvenir. Il paraîtrait aussi que les Religieux avaient anciennement le Cornet de St-Hubert pour leurs armes : on le remarquait sur les anciens staux de l'église du côté de celui du prieur ; de l'autre côté, il y avait une harpe et une étoile dans un écusson traversé par une crosse, probablement les armoiries que prit Anselme, le premier abbé d'Autrey.

Le marteau que l'abbaye fit faire en 1743 pour marquer dans les bois dont elle avait toujours joui, portait pour empreinte le cornet de St-Hubert.

Pour l'étendue et la diversité des propriétés de l'abbaye, l'analyse des documents en parlera tout à l'heure assez longuement. De plus, la carte jointe à cette notice l'indique déjà pour le territoire d'Autrey.

Etienne de Bar possédait un massif forestier de 44,000 arpents. La donation faite à Autrey avait une contenance totale de 5300 arpents, dont 12 à 1300 défrichés et 4000 en bois dit la forêt d'Autrey. De plus, il donna aux Religieux établis par lui à Autrey l'usage illimité des forêts voisines de l'abbaye qu'il dotait. Et les Religieux en 1768 estimaient ces droits d'usage égaux en valeur à 3000 arpents en propriété. Le revenu total de la châtellenie était alors de 70,000 fr. Du reste, les 5300 arpents formant le canton d'Autrey étaient presque tout en bois à l'époque de la fondation de l'abbaye.

Mais ce n'est rien connaître dans les institutions religieuses, si on ne considère que la forme extérieure, si on ne pénètre pas plus loin pour saisir le principe intérieur qui anime, soutient et vivifie tout. Et c'est le regret que j'ai déjà exprimé de n'avoir rien trouvé pour donner de la couleur, de la vie et de l'intérêt à ces pages arides. Mais nous pouvons deviner la source cachée qui a maintenu si longtemps la vie spirituelle de notre abbaye comme de tant d'autres. C'est la foi vivante qui a déterminé ces hommes à renoncer au monde et à ses espérances plus ou moins décevantes pour venir se renfermer, et assouplir leur volonté capricieuse et mobile aux exigences de la vie claustrale, du renoncement et de la pauvreté volontaire. Ce n'est pas peu de chose que de s'attacher avant tout à l'unique nécessaire, et de donner aux générations qui passent l'exemple salutaire du travail méthodique et réglé, de l'humilité et du sacrifice ; l'exemple de l'aumône qui a persévéré dans leur décadence et les a toujours distingués, même quand ils ont été envahis par l'esprit du monde, et d'inspirer aux hommes du siècle trop oublieux des choses éternelles, la pensée de faire pour le salut de leur âme de généreuses aumônes à Dieu et à l'église d'Autrey, pour obtenir en échange la protection de la prière.

La prière continuelle qui sanctifie les travaux du jour et toutes les heures de la vie, qui sauve les nations comme les individus, voilà ce que les religieux représentent ! Et les peuples chrétiens les ont regardés avec raison, comme une puissance d'intercession instituée pour le salut de tous. Qui ne se rappelle les belles paroles de Philippe-Auguste, voguant vers la Palestine ! Assailli par une tempête qui menace de l'engloutir dans les mers de Sicile, le roi ranime le courage et la confiance dans le cœur des matelots abattus !

Il est minuit, dit-il ; c'est l'heure où la communauté de Clairvaux se lève pour chanter matines. Ces saints moines ne nous oublient pas ; ils vont apaiser le Christ, ils vont prier pour nous, et leurs prières vont nous arracher au péril.

La société chrétienne était pénétrée de cette confiance dans la puissance de la prière monastique, et voilà pourquoi elle se montrait généreuse et dotait de son mieux ceux qui intercédaient pour elle. S'is ont reçu des biens des mains des fidèles, les religieux, les moines, leur en restituaient le prix par le bienfait de la prière. Et n'eussent-ils fait que prier, on pourrait encore dire avec St-Bernard : « S'occuper de Dieu, ce n'est pas être oisif, c'est la plus grande de toutes les affaires. »

CHAPITRE Ier.

Fondation par Etienne de Bar. — Donations. — Limites. — Confirmation de Théodoric.

Copie extraite d'un manuscrit intitulé : mémoires concernant la fondation, les droits communs, les biens particuliers de la manse conventuelle, et les privilèges de l'abbaye d'Autrey en Vosges, appelée N.-D. d'Autrey et St Hubert d'Autrey, les noms de MM. les abbés qui l'ont possédée successivement, depuis son érection jusqu'à l'année 1721 ; enfin plusieurs autres petites remarques de ce qui s'est passé de plus considérable en icelle, avant et après son union aux chanoines réguliers de Notre-Sauveur, et particulièrement des séparations des manses faites lors de ladite union, etc., (de 1144 ou 1150 à 1749 par trois écrivains successifs.)

L'histoire des seigneurs évêques de Metz et les chroniques des antiquités de Vosge, nous apprennent que l'abbaye d'Autrey, ci-devant enclavée dans l'évêché de Metz, duquel elle dépendait pour le temporel, et à présent heureusement soumise sous les lois de S. A. R. le prince

Léopold Ier de ce nom, à présent régnant (mort en 1729), et rentré dans ses états depuis quelques accommodements faits avec la France en l'an 1718 ; dépendant de l'évêché de Toul pour le spirituel, située qu'elle est au-dessus de Rambervillers, sur la rivière de Mortagne, fut fondée vers le milieu du XIIe siècle par Etienne de Bar, cardinal, évêque de Metz, neveu du pape Calixte, qui la dota de tout le terrain renfermé dans la limite énoncée dans les anciens titres de confirmation de cette même fondation au nombre de 11, qu'elle a en originaux, ainsi qu'ils seront rapportés dans la suite : car elle n'a pas le primordial que l'on croit avoir été perdu ou brûlé dans les incendies, aussi bien que plusieurs autres qui concernaient les droits de ladite abbaye.

Ces limites sont : du côté de l'orient, tirant au septentrion, une petit ruisseau qui prend sa source dans un endroit appelé la goutte de Chillimont et qui vient se jeter dans la rivière de Mortagne, et ce dernier ruisseau ferait la séparation des grands bois de Rambervillers du côté du midi tirant à l'occident. Il y a pareillement un autre ruisseau qui prend sa source un peu plus haut que le Void du Sapiné, et qui vient se jeter dans ladite rivière de Mortagne, et ce ruisseau fait la séparation des bois que l'abbaye prétend être à elle, d'avec ceux des Dames de Remiremont.

De l'orient au midi, ce même terrain a pour confins les bois qui dépendent de l'abbaye d'Etival. Et enfin du septentrion à l'occident, il y a la Mortagne, qui fait la séparation du finage d'Autrey d'avec ceux de Fremifontaine et de Ste Hélène. En quoi le tout puisse consister, soit en terres cultes et incultes, déchargées de toutes redevances, soit en prés, en bois et eaux, avec les dîmes et droits de pâturages dans tout le ban de Rambervillers.

Mais il est bon de remarquer avec l'auteur des antiquités de Vosge, que tout ce fond donné à l'abbaye ne faisait au commencement qu'une forêt, si on en excepte quelques prés sur la rivière, et que c'est pour cela que quelques auteurs l'ont appelé *Atreium ab atro itinere*? à cause de l'épaisseur des forêts de sapins qui l'environnaient. De sorte que dans la suite des temps, cette forêt étant de peu d'utilité et d'un très petit rapport pour n'être point habitée, MM. les abbés qui vivaient alors, jugèrent à propos d'en faire défricher quelques cantons aux environs, qu'ils ascensèrent à des particuliers circonvoisins, et cultivèrent le surplus par eux-mêmes.

Non-seulement ce pieux évêque et dévot fondateur gratifia cette abbaye de tout ce fond, dont on vient de faire mention, mais il y ajouta encore d'autres droits et biens fonds, dont M. l'Abbé jouit actuellement, et la moitié du moulin d'Anglémont dont on ne jouit plus, à moins que ce moulin n'ait changé de nom, et que ce ne soit celui dit de Ménil ou de la Vacque près d'Anglemont : cela se confirme par la bulle du pape Lucius III qu'on rapportera ci-après (1).

D'autres bienfaiteurs, à son exemple, comme Théodoric élu évêque de Metz, en confirmant la fondation de son prédécesseur, 1176, l'augmentèrent successivement.

Théodore lui accorda en propre :

1° La rivière de Mortagne depuis Mossoux jusqu'au

---

(1) Voyez à l'appendice.

void de Baldonchamp, sans qu'il soit permis à qui que ce soit d'y pêcher, sans la permission de M. l'Abbé et des religieux, s'étant néanmoins réservé le bièvre et la haute justice de tout le ban et finage.

2º La place du moulin de Nossoncourt avec le cours d'eau, de la moitié duquel les religieux jouissaient encore en 1790, ainsi que de la moitié de celui de Ménil, construit pour subvenir à l'insuffisance du premier, et pour les villages du ban de Nossoncourt. Mgr de Coislin, aujourd'hui évêque de Metz, jouit de l'autre moitié du moulin de Ménil, et de celui qu'on a reconstruit à la Vacque, appelé ci-devant le moulin de l'Evêque.

3º Enfin il lui accorda trois censes situées près de l'abbaye, déchargées de toutes redevances, et formant les seules terres alors en culture dans cette contrée. Cela se justifie par ses lettres de confirmation de l'an 1176 qu'on a en original. Il est vrai qu'il n'y est pas fait mention de la rivière ; mais il est à présumer que le titre est égaré puisque le pape Lucius rappelle cette donation.

CHAPITRE II

Bulle du Pape Lucius III. — Les premiers abbés. — Constitution du duc Simon. — En 1187, confirmation de l'évêque Bertrand, du duc Ferri II, de Bouchard de Metz, et concession de Ferri III, 1272.

Nous ignorons quel fut le 1er abbé d'Autrey. Ne serait-ce pas un nommé Etienne, abbé d'un monastère de chanoines réguliers, auquel écrivait Hugues Métellus, (1) lui-même chanoine régulier de St Léon de Toul ? Sa lettre 22e est adressée à un Etienne : « quoique éloigné, il lui reste uni par l'amitié, mais il est peiné d'être obligé par la rumeur publique, de le reprendre malgré ses cheveux blancs, sa prudence, malgré sa profession et sa dignité, de la violence avec laquelle il reprend les religieux qui lui sont soumis, et de la dureté avec laquelle il excède les limites de la correction. Il lui recommande la douceur et la circonspection.

Il ne dit pas de quelle abbaye : mais il me semble que ses paroles doivent s'appliquer à un premier abbé d'Autrey, dont le nom a échappé jusqu'ici, et qui aurait été mis à la tête des religieux sortis d'Etival et établis à Autrey par Etienne de Bar, lequel aurait choisi un homme de grande énergie pour les maintenir dans le devoir.

1172. — D'après les *Antiquités de Vosge*, le premier nom connu est Anselme. Le 2e abbé régulier d'Autrey, Milon, qui vivait sous le pontificat de Lucius, avait fait ses très humbles suppliques pour obtenir de Sa Sainteté des bulles de confirmation de son abbaye. Le Pape, dans les bulles accordées en 1182 qu'on a en original, dit qu'il confirme plusieurs autres donations faites en faveur de l'abbaye et dont on ne trouve dans les archives que partie des titres ;

1° Des droits et prétentions que Théodoric, voué de Rambervillers, avait dans une succession qu'il avait au village et dont il était l'héritier ;

2° D'une terre située à Nossoncourt donnée par Vuideric,

---

(1) Voir la note B.

père, et de 10 journaux de terres au même lieu, donnés par Viuderic fils (peut-être la Souche).

3º Des dîmes de ces terres et biens que les frères adjuteurs cultivaient de leurs propres mains.

4º Du droit de pâturage dans le ban de Vomécourt, donné par Théodoric qui en était seigneur voué ;

6º Des dîmes du labourage de l'abbaye, données par Guérin, prêtre de Rambervillers, et par Albric ou Albérie son neveu ;

6º Des mêmes dîmes d'Autrey, données par Conon, prêtre à Glonville, qui prétendait en jouir ;

7º Semblablement de ces dîmes et de celles des censes dépendant de l'abbaye, par le nommé Vuillaume, de Rambervillers ;

8º Des terres et dîmes de Dignonville (Glonville), données par Herman, abbé de Moyenmoutier ;

9º Des dîmes du village de Berru (Bru) et de Thiarménil, données par Gérard, abbé de Senones ;

10º D'un fond de terre situé dans les finages de Destord et de Ste Hélène, donné par Gauthier, doyen de Saint-Dié ;

11º Du droit de pâturage dans les bois de St Etienne, dans tout le ban de Rambervillers et dans une partie des bois du ban de Deneuvre, depuis la Mortanne jusqu'à une autre rivière qu'on appelle Murtz (Meurthe), donné par Albert de Froville ;

Et pour donner lui-même des marques de sa bonté et charité paternelle, il déclare exempter de dîmes toutes les terres qui seront nouvellement défrichées par l'abbaye, et même les animaux.

En la même année que fut expédiée cette bulle, le duc

Simon de Lorraine (1) fit cession, à l'abbaye d'Autrey, du droit de pâturage dans tout le finage de Champ, de Grandviller, de Fontenay et d'Aydoilles, et en même temps, exemption de tout droit de passage en allant et repassant dans son pays, droit de haut conduit.

1186. — Wuideric ou Widric, 3e abbé, ne se contenta pas de ce que son prédécesseur avait fait en cour de Rome : pour marquer sa soumission envers les fondateurs, il s'adresse à Bertrand 1er du nom, évêque de Metz, pour avoir ses lettres de confirmation. Elles lui furent accordées en 1187, on les possède en original. Elles lui confirment de nouveau toutes ces donations dans des termes à peu près identiques à ceux de la bulle papale, en y ajoutant seulement de prendre dans les environs de l'abbaye, sans opposition, tout ce qui est utile à ses constructions. « *Si quæ vero in finibus ejus, scilicet Alteriaci, ad œdificationem sint in omnibus usibus utilia, nullo prohibente sive contradicente sumantur.* »

Les *Antiquités de Vosge*, de Ruyr, mettent après, cet abbé, Ancelin qui vivait de 1188 à 1208 ? Ce fut probablement de son temps que l'évêque Bertrand, pour dédommager en quelque manière l'abbaye des incendies et des pertes que lui avaient fait éprouver les guerres continuelles qui avaient régné dans son évêché, lui fit don, vers 1200, de trois censes situées au village qu'on appelle en latin *Monsgauduri*, Gaudremeix. Mais les lettres en furent expédiées à son successeur l'abbé Rodolphe, 5e abbé d'Autrey, qui, vers le même temps (1208), en acheta deux autres situées en même lieu, ainsi qu'il paraît par l'acte qu'on a entre les mains de l'an 1209.

(1) V. Appendice II.

Le duc Ferri II de Lorraine expédia au même abbé Rodolphe des lettres de concession à peu près identiques à celles de son prédécesseur Simon, et concernant le droit de pâturage et de haut-conduit.

En 1228, commença pour l'abbaye d'Autrey l'ère des procès qu'elle ne connut que trop. Celui-ci naquit au sujet du pâturage sur le ban de St Gorgon et de droit de pêche dans la Mortagne que contestait l'abbesse d'Epinal. Il y eut à ce sujet une première transaction passée entre les deux parties. Dans cet accord le nom de l'abbé n'est pas inséré et il est à présumer que ce fut le successeur de l'abbé Rodolphe ; depuis lequel on ne trouve, par aucun titre, le nom de quelque abbé jusqu'à Demenge qui vivait en 1294, lequel reçut la donation du moulin de Bru, des libéralités de Bouchard, évêque de Metz : on a l'original daté du mardi d'après la mi-carême, 1294. L'évêque confirme les privilèges de l'abbaye avec menace d'anathème contre ceux qui tenteraient de la troubler ou inquiéter.

Il est cependant à présumer qu'il y eut des abbés dans cet intervalle, puisque depuis 1220 à 1294 il s'est écoulé 66 ans, à moins que l'abbé Rodolphe n'ait vécu jusqu'en 1272, ce qui n'est guère probable. Le cartulaire de Senones place, vers 1260, un abbé Richard. Vers 1272, on trouve des lettres de concession du duc Frédéric ou Ferri III, le mardi après la St Nicolas, par le bailli de Nancy, et qui peut avoir été faite à la diligence de l'abbé qui vivait alors, puisque les abbés géraient par eux-mêmes les affaires de l'abbaye.

Par un titre de 1228 et un autre de 1577, Mme l'abbesse d'Epinal accorde à l'abbaye le droit d'une perrière sur le finage de Ste Hélène.

CHAPITRE III

Confirmation d'Adhémar. — Droits de glandée et de charbons et de 2 muids de sel.

Jean Gerson, 7e abbé 1298. Le samedi devant la Nativité, une donation est faite de quelques vignes situées en Alsace à l'abbaye, et on voit dans le contrat le nom de Gerson. Et en 1296, le 4 février, Gérard, évêque de Metz, crut encore devoir confirmer les privilèges et donations à l'abbaye.

Gérard, 8e abbé, 1307. Il paraît par une lettre d'ascensement que cet abbé Gérard, qui l'a passé en 1307, après le dimanche qu'on chante *Misericordia Domini* au mois d'avril, succéda à l'abbé Gerson.

1340. Par un autre acte en parchemin fait en faveur de l'abbaye, le lendemain de la fête de S\t Jean-Baptiste en 1340, on voit qu'à Gérard succède Jehan Thiébaut, 9e abbé. C'est pendant le gouvernement de ce dernier, 1342, que les troupes du duc Raoul se battent contre celles d'Adhémar de Metz, près d'Autrey qui fut ravagé.

10e abbé, 1347. L'abbé Mathieu, qui lui succéda, ayant été inquiété en ce qui regardait les droits et privilèges de son abbaye, eut recours à l'évêque Adhémar pour lui demander sa protection, laquelle il lui accorda très-favorablement par ses lettres datées du jour des Innocents de la dite année 1347, et pour ce spécialement que les religieux ont été grevés à diverses reprises par plusieurs guerres de notre évêché de Metz; et commandant sous peine d'encourir son indignation à tous officiers, châtelains, mayeurs, doyens, forestiers et bangards, de les laisser jouir paisiblement des grâces, franchises et libertés de l'abbaye, ainsi qu'elle en avait joui du passé. Ce même prélat lui accorda aussi le droit de mettre à la glandée dans les bois du ban de Rambervillers, jusqu'à la quantité de 300 porcs, de son nourri ou autrement, franchement et sans rien payer ni à lui ni à ses officiers.

Cette lettre épiscopale de 1347 nous indique le commencement des luttes de l'abbaye avec les agents de l'évêque de la châtellenie de Rambervillers, luttes qui furent pour l'abbaye la source d'une infinité de procès, qui ne prirent fin que peu d'années avant son entière destruction.

L'exercice de vaine et grasse pâture a été jadis la condition indispensable de l'existence de nos populations agricoles. Le porc surtout a été pour elle le principal élevage; et il n'est pas surprenant qu'il ait donné son nom à une des contrées principales des Leucks, le Xaintois, *Suintensis pagus* (de suin, swin porc) (1). C'est par des concessions et droits d'usages comprenant la pâture, la glandée, le chauffage, la construction des habitations, que les seigneurs, au moyen-âge, ont réussi à y attirer des habitants dans les parties les moins fertiles du pays. Ce n'est qu'à la fin du XVIe siècle que des contestations se sont élevées entre les administrations seigneuriales et les habitants des communes, relativement à ces droits d'usage, d'abord excessivement étendus, puis réduits de plus en plus sous différents prétextes et en dernier lieu sous celui de cantonnement, comme on le verra plus loin pour Autrey.

(1) Note F. sur le Saintois.

Quant à ce droit de glandée accordé par Adhémar, on en a joui jusqu'en 1712, auquel temps il y eut procès intenté à la table de marbre de Metz, de la part des communautés de la mairie du ban de Rambervillers, où il y eut arrêt contradictoire rendu au souverain, le dernier jour de 1712, qui le règle comme s'ensuit : savoir, que l'abbaye ne pourra mettre à la pâture les dits 300 porcs, qu'en cas que la glandée excéderait ce qui est nécessaire pour remplir les droits des usagers et officiers, et que n'y ayant point paru d'excès, elle ne pourra y mettre que les porcs nécessaires pour la conservation de la maison et à proportion des autres usagers, à l'effet de quoi, il lui sera libre de nommer un prud'homme pour, conjointement avec ceux de la mairie de Rambervillers et les officiers de la gruerie, procéder chaque année à la visite de la glandée et répartition des porcs.

Et à ce propos il est bon de remarquer que la communauté d'Autrey, composée des fermiers de M. l'Abbé et des religieux, fait partie de cette mairie de Rambervillers puisqu'elle y est comprise soit dans les anciennes chartes des communautés de Rambervillers, Bru, etc. de l'an 1607, dont on a copie, soit dans un ancien pied-terrier de la châtellenie de Rambervillers, de l'an 1628, dont on a pareillement copie, soit enfin dans un arrêt rendu à la table de marbre de Metz, le 21 décembre 1709 ; ensuite duquel et de celui rapporté ci-dessus, elle a député l'an 1743, un prud'homme comme les autres communautés pour faire la visite de la glandée ; comme en effet il a été procédé suivant le procès-verbal du 25 septembre de la même année, dont on a copie entre les mains, l'original étant au greffe de la justice de Rambervillers.

Adhémar, outre le bienfait qu'on a rapporté, ajouta le droit de prendre et faire charbon dans les bois du ban de Rambervillers en la forme et la manière que l'abbaye en avait usé jusque là, pour la forge qu'elle avait alors sur pied sur la rivière de Mortagne, proche d'Autrey, sur le chemin de Rambervillers et dont il ne reste plus aucun vestige aujourd'hui, sinon quelque peu de crasse qui s'est mêlée avec la terre et qui l'a entièrement noircie. Cette forge de l'abbaye, à la fin du XVe siècle, était déjà en ruines et abandonnée ; rétablie depuis, elle fut définitivement abandonnée vers 1645, du temps de l'abbé de Serauville : on l'appelait la forge de la Voivre. Elle subsistait encore en 1644, ainsi qu'il paraît par un placet présenté par l'abbé Serauville à son maire de Fremifontaine, pour faire saisir quelques deniers, afin de tirer payement de deux années de canon, que Jean Barbier lui devait de l'amodiation de la grande forge dudit Autrey, dit-il, pour les années 1634 et 1635. Le décret est du 23 décembre 1644, l'exploit de saisie du même jour et de la même année.

En récompense de tous ces dons, il charge seulement de célébrer à perpétuité, tous les ans, trois messes hautes de mort, pour le repos de son ame et de celle de ses successeurs, évêques de Metz,

En 1352, le jeudi après Pâques, le même évêque assigna à l'abbaye deux muids de sel à prendre chaque année dans les salines de Moyenvic, pour la dédommager des pertes considérables qu'elle avait éprouvées par les irruptions des guerres continuelles qui avaient désolé le temporel de l'évêché.

Eu 1528, l'évêque Jean de Lorraine confirma cette donation ; vers 1551 le, cardinal Charles fit de même ; en 1558, celui-ci la révoqua et estima la valeur des deux muids à 12 fr. Cependant il conste, par un certificat du trilleur et receveur de la saline de Moyenvic, du 12 avril 1657, qu'on a perçu ces deux muids de sel jusqu'à ce que la France se fut emparée desdites salines. Depuis ce temps, on n'a joui ni des deux muids, ni de leur estimation, c'est-à-dire des 12 fr. Ainsi on pourrait à juste titre réclamer les arrérages.

Il convient de rappeler que le sel était jadis une marchandise dont on pouvait trafiquer comme de toute autre. Les particuliers, les églises, les communautés avaient leur saline, au plutôt leur puits à tirer l'eau salée au moyen de l'antique pont à bascule (ciconia), et dont on tirait le meilleur parti pour fabriquer le sel par l'évaporation dans des bassines en cuivre. Presque tous les établissements religieux reçurent des donations de ce genre à Vic, à Moyenvic, etc. Et dans ces donations se trouvent fréquemment les mots *sessus, sessa, sessiones, sesses*, etc., lesquels se disaient spécialement de l'emplacement à faire le sel. Toutefois, dans les titres postérieurs d'Autrey, cette donation n'est jamais rappelée.

En accordant à l'abbaye une délivrance annuelle de quelques muids de sel, Adhémar ne mentionne en rien cette antique concession. Rien n'indique que l'abbaye ait jamais joui d'un tel droit.

C'est encore en 1347 qu'Adhémar quitte à l'abbaye cinq quartes (ou dix resaux) de blé, qu'elle devait chaque année pour le moulin de Nossoncourt (moulin de l'évêque ou de la Vacque), situé au-dessus de celui qui appartenait d'ancienneté aux religieux.

CHAPITRE IV

Acquêts à Fremifontaine, contestations. Ascensements — Redevances seigneuriales de Fremifontaine la haute.

En 1343, sous l'abbé Thiébaut, Albris, de Fremifontaine, escuyer fils de feu Jehan de Cleures (Clayeures) chevalier, avait cédé à l'abbaye tout ce qu'il possède à Fremifontaine, Vomécourt, Fauconcourt Gerbéviller etc. en hommes, femmes, rentes, cens, moulins, champs, prés, bois, eaux etc.. à condition de lui faire délivrer toute sa vie, une prébende semblable en tout à celle de l'un des seigneurs de l'abbaye, et 60 sols fors, pour son vestiaire, chaque année, plus une autre prébende comme à l'un des commis de l'abbaye, pour un sien valet, ou pour une demoiselle, selon qu'il lui plaira : et que les religieux feront à sa mort, comme à l'un des frères ; en outre de délivrer à sa nourrice 30 livres fors, et des meubles suffisamment, à l'estimation et dudit Albris et du seigneur Thiébaut abbé d'Autrey. Et à sa prière, haut homme le seigneur de Romont, de qui meuvent une grande partie des biens donnés, y accède et confirme la donation.

Au pacte est apposé le scel du tabellionage du duc de Lorraine et celui de la cour de Toul dont Jehan de Bazin, le notaire juré, rédige l'acte au nom de l'official.

En 1350, Grennis de Chastel, écuyer, et demoiselle Catherine, femme Philippin de Fremifontaine, et Marguerite, sœur de Catherine, vendent à l'abbaye le quart de Fremifontaine, village et forêts, consistant en hommes et femmes, en blés, gerbages, en chapons, gélines, rentes, cens, amendes grandes et petites, maisons, champs, prés, meix, bois et eaux, en corvées, etc., plus un autre quart déjà engagé aux religieux d'Autrey pour 20 livres de fors. Cette vente faite pour 25 livres de petits tournois fors, en sus de la somme pour laquelle était contracté l'engagement. Et Ferri, comte de Fribourg et seigneur de Romont, de qui meuvent les terres, approuve et confirme cette vente, scellée du scel du tabellionage du duc de Lorraine à Charmes.

En même temps noble homme et sage Philippin de Fremifontaine, écuyer, fils de Jehan et de Catherine vend aussi, à l'abbaye d'Autrey le quart qui lui est échu en la seigneurie de Fremifontaine pour 60 l. de petits tournois en sus de ce qu'il devait déjà à l'abbaye, et en reconnaissance des bienfaits qu'il en a reçus et qu'il en attend encore.

Donation approuvée encore par Ferri, comte de Fribourg et seigneur de Romont, comme suzerain, 1354, en mentionnant que Philippin fils a fait cette cession pour avoir un anniversaire chaque année en l'église du couvent pour lui, son père et sa mère et sa sœur. Les religieux s'engagent à prier pour le comte de Romont ; celui ci les tient quittes pour lui et ses successeurs de l'hommage qui lui était dû.

En 1383, Henri Chavilay de Fremifontaine, escuyer, et Didier de Rambervillers, escuyer, qui possédaient en commun avec l'abbaye le bois de Fremifontaine dit plus tard, le bois Chavillard ou Chevillard, font une transaction avec Vomécourt pour les droits d'usage de cette communauté, tant pour la grasse pâture, que bois de chauffage, de chars et de charrues. La transaction est signée par l'abbé Richard qui a été à la tête de l'abbaye de 1383 à 1390?

En 1419, nouvelles difficultés au même sujet, et nouvelle transaction entre les gens de Vomécourt et Jacquemin, abbé d'Autrey, Ferri d'Aboncourt, écuyer, et Jehan Huet de Bulleville avec Alix sa femme, fille de feu Didier de Rambervillers. Les premiers consentent à payer pour leurs droits d'usage aux bois de Fremifontaine une redevance annuelle de un gros par feu.

En 1569, un nouveau procès s'élève encore au sujet de ces bois Chavilay et de Metri entre Vomécourt et Jehan Châtelain, abbé d'Autrey et Claude de Jussy, seigneur d'Hurbache, capitaine de Vaudémont, co-seigneurs propriétaires de ces bois, sous le prétexte que les bois sont menacés d'une ruine totale par les abus des usagers. A leur requête, le duc de Lorraine charge en 1570 son gruyer de Nancy, Didier Gabriel, d'appointer les parties. Dans cet arrangement interviennent aussi les MM^{rs} de Barbay, co-seigneurs du village de Fremifontaine.

La comunauté de Vomécourt, pour tous les droits d'usage, emportera un tiers de ces bois (que l'arpentage fait monter à deux arpents), pour en jouir à titre d'usufruit, et en prendre tout le bois nécessaire. Et cette part prise dans les bois Chavillay est aussitôt abornée, et les gens de Vomécourt renoncent à tous droits sur les bois de Metry, au profit des seigneurs d'Hurbache et abbé d'Autrey, et au surplus des bois Chavillay. Cependant le fond du bois accordé à Vomécourt appartiendra aux seigneurs propriétaires ainsi que les amendes, confiscations et autres droits seigneuriaux, etc.

La même année, l'abbé d'Autrey et M. de Jussy, propriétaires par moitié des bois de Fremifontaine, règlent encore la part des habitants de ce village, y compris les sujets de MM. de Barbay de Fremifontaine le milieu, (l'abbaye étant seigneur de Fremifontaine la haute et de Jussy d'Hurbache de la basse.)

Pour portion congrue, les deux tiers du restant des bois, la part de Vomécourt prélévée, leur sont assignés pour en jouir en usufruit, le fond restant aux seigneurs ; et l'autre tiers aux seigneurs, abbé d'Autrey et d'Hurbache par moitié, affranchis de tous droits d'usage, et non compris cent jours antérieurement assignés à l'abbaye pour ses propres sujets ; outre la propriété du fond, les amendes, épaves et autres droits restent aux seigneurs propriétaires.

Dans le même temps, l'abbaye d'Autrey ascense aux trois hameaux composant Fremifontaine la part des droits seigneuriaux qu'elle possède par indivis avec le seigneur d'Hurbache, ne se réservant que les amendes, et cela fait moyennant 50 tallards à 35 gros, monnaie de Lorraine, pour entrée et 6 resaux d'avoine, mesure de Bruyères, payés, chaque année par les habitants des trois Fremifontaine.

En 1572, Jehan Châtelain, abbé d'Autrey, ascense encore aux manants et habitants de Fremifontaine la haute, lesquels sont ses sujets, cent jours de bois de haute futaie, pour en jouir entièrement, mais en les laissant en telle nature, s'en réservant les amendes, confiscations, épaves et moyennant 24 gros de cens payés annuellement par chaque habitant, et 150 d'abornement et d'entrée.

Nous n'avons indiqué ces partages et ascensements, en abrégeant de beaucoup, d'un immense massif forestier que pour montrer le faible parti que les seigneurs propriétaires de toutes les forêts en tiraient; et comment elles leur servaient à attirer une population qui dut apporter une grande valeur à ces bois assez peu productifs jusqu'alors. Les successeurs des seigneurs ont su en tirer un tout autre parti, et évincer le plus possible les populations qui n'étaient qu'usagères.

Pour terminer ce qui concerne Fremifontaine, j'indiquerai les redevances seigneuriales dues par Fremifontaine la haute à l'abbaye :

1º Un jour en carême pour semer l'avoine ;

2º Aux semars, une pransière ;

3º Au *voyen*, chacun doit un jour de charrue de droit, plus un jour de charrue pour les regains ;

4º Chaque homme un jour à la faux pour faucher, un jour à la fourche pour faner, un jour à la seille au blé, et un jour à la seille à l'avoine ;

5º Un jour à la seille au regain.

Chaque fois que leurs hommes vont à la corvée, on leur donne : quand ils viennent à la charrue, à chacun petit ou grand, une michette; à l'avoine, on leur donne le pain, la viande, si le jour le permet ; les autres jours, le fromage, excepté jadis en carême, où il n'était pas permis d'en manger. A la journée ou à la pransière, à l'heure de dételée, on leur doit à chacun seulement une michette; aux autres jours de corvées, comme aux ouvriers loués à la journée, ils doivent venir de bon matin, et pour s'en retourner on leur donne une michette.

Aux plaids annaux de 1725, on voit l'abbé d'Autrey se plaindre, que la plupart de ceux qui doivent des corvées, refusent de venir à l'heure ordinaire ; et le juge garde ordonne que les défaillants seraient à l'avenir condamnés à 5 fr. d'amende.

Comme seigneur de Fremifontaine la haute, les religieux d'Autrey percevaient en outre des redevances en seigle, avoine et chapons sur chaque menautie ou maison avec ses terres, et dont les tenanciers devaient chaque année, aux plaids annaux tenus par le maire de M. l'abbé, se déclarer, le maire restant exempt de ses cens : on comptait 44 menauties et plusieurs autres ruinées par les guerres, en 1748.

A cette époque, Fremifontaine le milieu appartenait aux religieux qui en percevaient les mêmes cens des ménauties alors au nombre de 25 : on voit qu'un gibet, dont un champ porte encore alors le nom, devait ancienement y exister, droit seigneurial jadis fort recherché. Les habitants de Fremifontaine le milieu étaient sujets au droit de mainmorte, ne pouvaient vendre ni aliéner, sans la permission du seigneur, sous peine de perdre les choses vendues.

Les ruisseaux appartenaient aussi aux seigneurs ainsi que la rivière au-dessus de Mossoux, jusqu'à la limite supérieure du bois Chevillay. En 1723, Fremifontaine la haute appartient encore à l'abbaye, paye des redevances en seigle, avoine et chapons ; la taille à Pâques et à la Saint Remy, de 1 blanc par ménautie ; la mainmorte avec défense de vendre sans permission.

CHAPITRE V.

Confirmations de l'évêque Henri de Lorraine, de Jean de Lorraine et de Nicolas, évêques de Metz.

Le 11e abbé fut Jacquemin, qui vivait en 1417, comme

on le voit par un acte en parchemin daté du jour de la Nativité de N. S.

Le 12e, Jean de Pontretin, succéda à l'abbé Jacquemin. On le justifie par un acte de confirmation du 22 octobre de l'an 1421, donnée par un abbé d'Aroëse, preuve que l'abbaye d'Autrey dépendait de celle d'Aroëse avant de se rattacher à la congrégation de N. S.

Le 13e, Jean Gemel, lui succéda et vivait en 1427. C'est ce qui paraît par un acte de la même année du 5 septembre, en faveur d'un particulier de Fremifontaine, et par d'autres actes de 1427, 1435 et 1448 (1).

Le 14e est Didier Chailley de Rambervillers, pitancier de l'abbaye en 1450, nommé abbé en 1465 : on voit son nom dans un acte du 6 septembre 1478, intitulé : Institution de la Pitance d'Autrey, faite par ledit Chailley, abbé d'Autrey. — Le premier il se choisit un coadjuteur en 1468.

A cette époque, les possessions de l'abbaye sont à peu près fixées et ne s'augmentent plus guère. L'abbaye possède depuis les premiers temps les censes d'Autrey et de Villaume-Fontaine (peut-être Gaudurimons, Gaudremez depuis) la Souche, les Voivres, et probablement la Fraze et les vignes de Vigneulles, quoique nous ne trouvions aucune mention de ces deux propriétés ; de plus la seigneurie de partie de Fremifontaine et de Vomécourt soit par donations, soit par achats successifs.

15e abbé —A ce dernier succéda Nicolas Jean du Chastel, aussi de Rambervillers, qui avait été choisi et élu coadjuteur en l'an 1468, comme il paraît par un acte de confirmation du 19 octobre de la même année, donné par un abbé

(1) D. Ruyr met un abbé Benich vers 1453, après J. Gemel.

d'Etival, député ou délégué à cet effet par un abbé d'Aroëse, de l'ordre de St Augustin,

En 1485, Henri de Lorraine, évêque de Metz, approuve et confirme les droits de l'abbaye, et plus particulièrement l'établissement de la pitancerie ; on a des lettres du 14 octobre de cette année.

En 1489, le 8 décembre sur quelques plaintes faites au même évêque, par l'abbé du Chastel, touchant la pêche, tant dans la rivière de la Mortagne, que dans le ruisseau des Converts, qui est depuis le Void du They jusqu'à la dite rivière, et lequel rupt est du tout sur le territoire de ladite église et abbaye (preuve que ce ruisseau ne fait pas la séparation du finage d'Autrey, d'avec celui de Housseras. Ainsi les religieux bénédictins de Senones sont mal fondés à répéter à M. l'Abbé la dîme sur les terres et champs qui sont de l'autre côté du ruisseau). Ensemble sur quelques difficultés touchant une petit bois situé proche d'Autrey, et renfermé dans les limites qu'on a plus haut rapportées, au lieu qu'on appelle présentement la haie Coné (mais ce bois ne subsiste plus aujourd'hui, MM. les abbés l'ayant fait couper, ce qui est une preuve manifeste que l'abbaye a le domaine, et peut disposer egalement du reste de la forêt, puisque les titres qu'elle avait de ce petit bois sont les mêmes que ceux de la grande forêt et de tout le terrain qu'on laboure présentement par tout le finage d'Autrey.)

Voici comme cet évêque répond, surtout à l'égard du droit de pêche : « Nous ordonnons, dit-il, que de cy en avant, nul de quelque condition qu'il soit, ne pêche ou présume de pêcher en ladite rivière et rupt, outre la la volonté de l'abbé, sous peine de payer 60 gros d'amende, de laquelle nous réservons moitié pour nous et nos successeurs et l'autre moitié audit abbé : en réservant aussi pour nous et nos successeurs la pêcherie en cette rivière pour notre état seulement au lieu de Rambervillers, quand nous venons en Vosge ». Ensuite il confirme, agrée et ratifie les droits et privilèges que l'abbaye a d'ailleurs ; commande à tous ses officiers, grands veneurs (ce qui ne peut être qu'à l'égard du droit de chasse), receveurs, maires, justiciers de sa ville de Rambervillers, qu'ils souffrent et permettent ledit sieur Abbé et couvent jouir et user de leurs dits privilèges à eux accordés par ses prédécesseurs. On a l'original de ces lettres.

Jean Renauld succéda à l'abbé du Chastel comme il paraît par des lettres d'indulgences qu'il obtint de Rome, 20 décembre 1493, et qu'on possède en original. Il avait pour armoiries une harpe telle qu'elle était représentée sur les anciens staux, qui ont été démolis en 1715.

Une lettre de fondation de l'an 1522, le 18 mai faite en faveur des religieux de l'abbaye, établit que Nicolas Mercier qui en est l'auteur succéda à l'abbé Renauld. C'est cet abbé qui a fait faire le bras d'argent qui renferme la précieuse relique de St Hubert. Dans ce bras il y a un petit billet du R. P. Lallemand, prieur, où on lit ces paroles : jointure assurée du glorieux St Hubert.

En 1526, le 29 décembre, Jean de Lorraine, évêque de Metz confirma, comme ses prédécesseurs, les droits de son abbaye, par ses lettres de cette année, qu'on a en original.

En 1545, le 27 juin, Nicolas, évêque de Metz, fit la même chose que ses devanciers, faisant même mention dans ces lettres qu'on a en original qu'il le faisait pour exciter l'abbé Claude Stevenay (alias Malhoste) qui vivait alors, à continuer ses bons desseins dans le rétablissement du chœur de son église et autrement. Cet abbé, le 18e, avait pour devise : *Juvat amare Deum toto corde et animo.*

CHAPITRE VI.

L'abbé Stevenay. — Réparations de l'église.

1523-1548. — L'abbé Stevenay, comme on le voit par deux marchés, travailla à reconstruire son église; et nous avons vu l'évêque de Metz l'encourager dans ce bon dessein. Il fit en 1537 construire le chœur et le transept contenant les deux chapelles de St Hubert et de St Nicolas, qui lui demandèrent huit années de travail. Il est bon de remarquer qu'avant ces constructions, il y avait déjà une chapelle dédiée à St Hubert, suivant qu'il se justifie par l'acte en parchemin qu'on a en mains, venant de Conrad, évêque de Toul, au mois de mars 1285.

L'abbé Stevenay s'en tint à cette partie de l'œuvre. Nicolas Thirion et Didier Marsault, maîtres maçons, bourgeois d'Epinal, entreprirent ce travail qu'avait refusé d'exécuter en 1536 Regnault Vielloy, maçon à Nancy, qui avait cependant marchandé ce travail et accepté les conditions du marché. Nos deux maçons s'obligeaient à suivre les devis du premier marché, à charge qu'il leur serait fourni et payé, savoir : 40 resaux par moitié froment et seigle, 2 resaux de pois, 2 de fèves, un resal de sel ; 4 fr. pour beurre et fromage, 16 mesures de vin, 7 porcs avec un bœuf ou 12 fr.; 12 livres d'acier; une chambre au couvent avec le bois; et en outre la somme de 1000 fr. monnaie de Lorraine. L'abbé restait chargé de faire revider der les fondations qui étaient déjà faites, mais trop petites.

Et quoiqu'il n'eût donné que très peu de temps à ces particuliers pour accomplir le marché, cependant il est à présumer qu'ils furent près de huit ans pour achever leur ouvrage, y ayant écrit sur une clef de la voûte de la croisée devant la chapelle de St Nicolas, le 21 juillet, et sur une autre clef, vis-à-vis, 1545, quoique sur la grande vitre du côté de la chapelle de St Hubert, où est représentée son histoire en figure et en abrégé, il se lise le millésime 1544, mais apparemment que c'est celui dans lequel cette même vitre et les autres ont été faites.

Aussi voit-on que sur une autre vitre, au-dedans de la chapelle St Hubert, sont écrites ces paroles : « Noble homme Jean Aubertin, gouverneur aux salines de Moyenvic, auditeur en la chambre des comptes de l'évêché de Metz, et Françoise de Puligny, sa femme, ont donné cette vitre en l'an de grace 1544. Elle représentait l'histoire du Saint. — C'est-à-dire que les bienfaiteurs ont donné la verrière dans laquelle ces vitres si belles et si admirables ont été faites. Mais, pour la façon, elle a sans doute été aux frais de ce dévot abbé, qui en fit faire cinq au sanctuaire :

La 1re verrière, *in cornu Evangelii*, représentait la généalogie depuis Jessé.

La 2e représentait le mystère de l'Annonciation au bas de laquelle était cette inscription au-dessous d'un personnage : Louis de Dommartin, baron de Fontenoi.

La 3ᵉ, le crucifiement de N. S. J. C. avec le bon et le mauvais larron ; sur la croix du bon larron, on lit : *in manibus tuis sortes meœ* ; sur celle du mauvais larron, « de mieux en mieux » ; sur celle de N. S. « mieux que jamais. »

La 4ᵉ représentait la Nativité, et la 5ᵉ l'Assomption de la Sᵗᵉ Vierge N. D. à laquelle l'église est dédiée et consacrée de toute antiquité. La verrière de la chapelle Sᵗ Nicolas représentait l'évêque de Myre. Et sur une clef de voute, 1545.

Le P. Fatet fait le plus grand éloge de ces vitraux et des chapelles. Il y a peut-être de l'exagération. Après la ruine de l'abbaye en 1635, et son abandon jusque 1656, de grandes dégradations étaient survenues à plusieurs verrières, et de maladroites réparations les avaient encore détériorées davantage. Plusieurs verrières du chœur et des chapelles avaient dû être refaites à neuf. On en trouvait même de différentes factures.

Des personnages nouveaux, comme Sᵗᵉ Hélène, y furent introduits : celle-ci figurait encore à la Révolution dans la verrière de la chapelle Sᵗ Nicolas.

Ces belles verrières ont été fabriquées, croit-on, dans une verrerie établie dans cette partie des bois de Sᵗ Etienne, qui en offrent encore des traces certaines ; mais on ignore sur les cartons de quel artiste elles furent exécutées.

Il est surprenant que, dans les longs débats pour la possession d'une partie des forêts de l'évêché concédées primitivement à l'abbaye, il ne soit jamais fait mention de cette verrerie qui exista dans cette partie des bois tant disputée.

Nous lisons seulement dans un acte notarié de 1680 que Marie Desgrios, épouse du sieur Claude Duhoux écuyer, seigneur de Villers-la-Croix, demeurant alors à Crisvalt, s'associe à André Augert pour un cinquième dans l'exploitation de la verrerie de Housserat, moyennant qu'il fournira le cinquième des matériaux et des journées d'ouvriers, plus 13 écus blancs à ladite demoiselle dès que la verrerie commencera à travailler ; convention faite pour tout le temps qu'elle travaillera.

On ne voit intervenir ni l'Evêque ni l'Abbaye quoiqu'il s'agisse de leurs fiefs.

Il est probable qu'il y a eu là une verrerie plus ancienne, sur le flanc du coteau de Chilimont, à la hauteur de la cense de ce nom. On trouve encore des scories, trace évidente d'une ancienne verrerie, et probablement de celle où furent travaillées, au XVIIe siècle, les magnifiques verrières d'Autrey sous l'abbé Stevenay.

Ce qui donne des marques de la piété et de l'amour que cet abbé avait pour son divin maître, c'est cette belle devise qui a déjà été rapportée et qui se lit presque partout : *Juvat amare Deum toto corde et animo*. Elle se trouvait avec son portrait et ses armes sur un vitrail, où on le voyait à genoux devant un prie-dieu. Elle se voit encore dans une inscription gravée sur une pierre de l'église. Son épitaphe, conservée dans les archives de l'abbaye, n'avait point été gravée sur son tombeau. En voici la teneur :

> Cy gist le corps d'un prélat sans feintise
> Qui plus aima Dieu, son cloitre et son église,

Qu'oiseaux, chiens ou chevaux somptueux,
Cy gist le corps du prélat vertueux,
Qui plus aima charité pure et monde
Que les honneurs et la gloire du monde.
Las! c'est l'abbé tout notable, en surnom
Dit Steveney et Claude en propre nom.
Lequel dressa, sans grand support avoir
Le chœur ici tel comme tu le peux voir,
Plus par bon sens que par grand revenu ;
Et si l'esprit se fut encor tenu
Avec le corps quelques ans davantage,
Il eut parfait le surplus de l'ouvrage.
Mais celle mort qui les bons fait revivre
Voulant du tout rendre l'esprit délivre
Du grand travail qu'il avait jour et nuit,
L'an mil cinq cent avec quarante huit
Posa le corps sous cette basse lame
  Pour élever dessus les neuf cieux l'âme,
Et lui donner avec son seigneur lieu
Où il connaît qu'il fait bon aimer Dieu.
Si réciter je voulais et toi lire
Les grandes vertus qu'en ce corps on voit luire,
Possible n'est que premier en disant
Las je ne fusse, ou toi en les lisant :
Mais les grands coûts et peines qu'il a mises
A ériger cette toute belle église
Te donneront, ô passant, témoignage
Du demeurant de ce bon personnage.

  Celui qui a dressé ce chœur ici tout beau
  N'a point dressé pour lui quelque riche tombeau.
  Pourquoi? il est couvert d'une vive mémoire
  Plus riche qu'un tombeau de fin marbre ou d'ivoire.

La poésie n'est pas riche.

Jadis on voyait aussi l'épitaphe d'un personnage infiniment au-dessous de celui dont nous venons de parler.

Cependant parce qu'il a beaucoup contribué de ses forces à l'érection de ce beau et riche bâtiment, il ne sera pas hors de propos d'en rapporter dans une note les paroles. (V. note C.)

CHAPITRE VII.

1548-1575. — L'abbé Pierrel. — L'abbé Châtelain, contestations sur la pêche, droit de chasse. — Lettre du cardinal de Lorraine.

L'abbé Stevenay mourut en 1548, après s'être démis de son abbaye l'année précédente, en faveur de Thomas Pierrel (*alias Laurent*), natif de Domfaing près Bruyères, suivant l'acte qui en fut passé le 10 février 1547, que l'on possède. Cet abbé Pierrel fut pourvu de l'abbaye par bulles du pape Jules III, en 1552, aux Ides d'octobre. Et la fulmination en fut faite par un abbé d'Étival en 1554, le le 7 janvier, dont on a copie aussi.

Il ne fut pas longtemps à la tête de l'abbaye ; car, la même année 1554, nous voyons Jean Châtelain (alias Manson) 20e abbé, prendre possession de l'abbaye suivant l'acte en parchemin qu'on a entre les mains, en date du 13 mars.

Trois ans après, il présenta une requête au gouverneur de Marsal et bailly de l'evêché de Metz, pour permission de rétablir une tuilerie située près de l'abbaye, ruinée depuis près de trente ans, et de prendre du bois mort et mort bois dans son bois de la Faigne pour la cuite de la tuile, comme de tout temps l'abbaye l'avait fait.

Cette requête fut octroyée le 5 février 1557 au nom de M. S. le Cardinal de Lorraine, pour lors évêque de Metz : on a en mains l'original. Une condition était posée, c'est que ces tuiles se vendraient et se distribueraient aux habitants de la châtellenie. Rambervillers surtout en avait un pressant besoin, car elle venait d'être incendiée par le baron de Polwiller, en 1557, gouverneur de Haguenau, et général des troupes de l'empereur d'Allemagne.

On représente également copie du bail de la même tuilerie, du 25 avril 1564, passé par le même abbé : et on remarque par les comptes de la mense conventuelle, que depuis 1635, elle était encore restée en ruines, et qu'elle a été rétablie à frais communs en 1704. En 1722, les officiers de gruyerie de M. S. font mention dans un procès-verbal qui se voit au greffe de Rambervillers, qu'ils ont marqué du bois pour la tuilerie d'ici, ce qui prouve qu'ils reconnaissent que l'abbaye a droit de prendre du bois dans les forêts de M. S. de Metz, pour l'usage de ladite tuilerie.

En 1559, l'abbé Châtelain fut convoqué aux États-généraux de Lorraine par le duc Charles. Le 27 août 1574, il prit des lettres d'amortissement du duc de Lorraine, pour les biens que l'abbaye possédait dans ses États, et on remarque par lesdites lettres qu'on représente, et où ces biens sont spécifiés, que ce prince fit remise de tous ses droits pour raison de cet amortissement.

Ce même abbé, en 1570, fit renouveler les limites de la rivière d'Autrey, suivant qu'il appert par le procès-verbal en parchemin du 21 juin, signé du procureur général de l'évêché de Metz, au bailliage de Vic, et de plusieurs officiers et bourgeois de Rambervillers, qui se trouvaient présents à la descente et vue des lieux. — Au sujet de cette rivière, M. de Bressey, seigneur de Roville, a donné un acte qui n'est pas daté, où il s'exprime ainsi : « Je ne prétends pas que les pêcheurs, qui sont dans mon droit de pêche, aillent plus loin que ceux de M. S. de Metz sont en droit d'aller, puisque la rivière est indivise entre lui et moi. Signé X. de Bressey. » Il avoue donc qu'il n'a droit dans notre rivière que jusque Baldonchamp.

En 1577, nouveau procès sur une difficulté suscitée entre le susdit abbé et Mme l'abbesse d'Epinal, Yolande de Bassompierre, comme dame foncière de Ste-Hélène, au sujet du droit de pêche dans la vieille rivière de Mortagne, l'ancien cours, depuis le void Martin ? c'est-à-dire vis-à-vis les perrières de l'abbaye, dans le bois de Ste-Hélène jusqu'à Baldonchamp, que ladite dame prétendait y avoir. Une transaction eut lieu le 30 janvier de ladite année, par laquelle cette dame abbesse renonça à tous les droits qu'elle pouvait avoir à cet égard, et en outre cède et abandonne, à M. l'Abbé, toutes les terres, faignes et lieux vagues qu'elle a joindant les bois de Ste-Hélène du côté de l'abbaye, dès le dessous du clos pré, jusqu'au dessous du pré, dit le pré géant. L'affaire se termina par un abornement des finages contigus d'Autrey, Ste Hélène, St-Gorgon pour lequel dut intervenir l'abbesse de Remiremont.

Si les religieux firent confirmer souvent par les évêques de Metz leurs droits à la pêche dans le Rupt des Convers, et dans partie de la Mortagne, les loutres exceptées, il vint un temps où la chasse ne les intéressait pas moins. Nous avons vu Adhémar déjà commander à ses officiers, grands veneurs etc., de laisser les abbés et religieux jouir et user de leurs privilèges. — Ils avaient du reste trop de piété pour St Hubert, de temps immémorial, pour ne pas être tentés de le suivre dans ses chasses légendaires.

En 1564, le Cardinal de Lorraine écrivait à l'abbé d'Autrey le 21 mars :

« Monsieur d'Autrey, pour ce que j'ai faute de chiens et de chasseurs, pour donner ici le plaisir que je désire à Messieurs de Lorraine et de Vaudémont, je vous prie de m'envoyer vos chiens courants par celui de vos gens qui les mène, et qu'ils viennent ici demain du matin s'il est possible, ne les voulant retenir que pour un ou deux jours, et vous me ferez un bien grand plaisir. Priant le Créateur de vous donner, Monsieur d'Autrey, ce que mieux désirez. »

De Baccarat, le 21e jour de mars 1564.

Votre bon amy, CH. DE LORRAINE.

L'Abbé Jean Châtelain avait donc un équipage de chasse complet. Plus tard l'abbé Midot, de querelleuse mémoire, eut un chasseur portant bandouillière, dont le fond était bleu, au haut de laquelle il y avait une fleur de lys, ses armes avec la crosse et la mitre, un cerf portant la croix traditionnelle sur la tête, un chien aboyant, un chasseur, et plus bas le cornet de St Hubert : Il avait aussi une meute. Aussi dans le dénombrement qu'il dut faire en 1675, ce droit de chasse n'est pas oublié. L'abbé Pastoret conserva cette bandouillière jusqu'au retour du duc de Lorraine dans ses États, pour la remplacer par une autre à ses armes, avec la croix de Lorraine. L'abbé Duval fit de même.

CHAPITRE VIII.

L'abbé Chevalier. L'abbé Laurent qui change la couleur de l'habit. — Son mémoire sur St Hubert.

En 1578, l'abbé Châtelain donna sa démission et fut remplacé par Claude Chevalier, qui fut pourvu de l'abbaye par Urbain VII, par bulles expédiées à la cour de Rome en 1578, le 8 janvier.

Il obtint en 1586, le 27 mars, de Charles, évêque de Metz, une nouvelle confirmation des donations, droits et privilèges accordés par ses prédécesseurs à l'abbaye. On a ses lettres en bonne forme scellées de ses armes sur cire rouge, à doubles queues de parchemin pendantes.

Claude Chevalier se démit aussi de son abbaye en 1593, en faveur de Nicolas Laurent, 22e abbé, dont la devise était : *Cor mundum crea in me, Deus.* Il en fut pourvu par Clément VIII, par bulles expédiées le 5 septembre 1593.

Le 4 août 1608, cet abbé obtint de la cour de Rome la permission de changer son habit blanc en noir, ce qui lui fut accordé facilement comme il paraît par la bulle qu'on représente. Depuis lequel temps au rapport d'un ancien et vénérable frère, nommé Antoine Mafoy, natif de Bruyères, religieux profès, âgé de quatre-vingt et quelques années, qui dit l'avoir ouï dire, ce même abbé fit prendre au jour de

St Hubert l'habit noir, le roquet, et le collet volant comme auparavant ; ce frère ayant vu lui-même habillé de cette sorte l'abbé Seranville qui succéda à l'abbé Laurent son oncle.

Comme seigneurs fonciers de tout le finage d'Autrey, les abbés et religieux faisaient de nombreux ascensements. L'abbé Laurent, en 1601, ce qu'avait déjà voulu faire l'abbé Pierrel, ascense les deux basses des Fournels (ou fourneaux) et de Sept fontaines situées au milieu des bois, moyennant 2 francs de cens annuel, et le dîmage des cultures, d'une gerbe sur douze, à charge de payer le relevage en cas de main-morte (1), fixé à trois quartes de

---

(1) Il est souvent parlé de mense, de cens et de mainmorte, — peut-être n'est-il pas inutile d'en dire quelques mots.

Il y a mense et manse ; — mense signifie le revenu d'un prélat ou d'une communauté religieuse, — mense épiscopale, abbatiale, conventuelle.

Manse, du mot latin mansus, désignait l'étendue de terre qu'une paire de bœufs pouvait labourer par an. — Dans la langue provençale, une ferme est encore appelée un mas.

Le cens. — Le paiement du cens était la preuve périodiquement renouvelée de la propriété réservée à une église ou abbaye sur cette partie de son domaine.

Ne pas confondre les mainmortables avec les biens de mainmorte.

Les mainmortables, ou gens de serve condition liés du lien de servitude envers quelque seigneur ecclésiastique ou séculier. Bien qu'ils ne fussent pas serfs de corps comme les esclaves romains, toutefois par actions et conventions anciennement faites avec eux ou leurs prédécesseurs, moyennant certains héritages qui leur avaient été baillés par les seigneurs féodaux, ils s'étaient tellement assujettis et asservis et leur postérité à naître, qu'ils étaient taillables par le seigneur à volonté raisonnable ; Une fois, ou deux ou trois fois, il étaient sujets à plusieurs corvées, ne pouvaient vendre ni aliéner, ni hypothéquer leurs héritages mainmortables. — Quand, à la mort du

vin, ni du pire ni du meilleur. Le grand gruyer de l'évêché fait saisir cette gagère, prétendant qu'on n'avait pas le droit de faire cet ascensement, mais le cardinal de Lorraine donna raison à l'abbaye, et annula cette saisie, les terres étant situées dans les limites concédées par ses prédécesseurs à l'abbaye,

Les gens auxquels ces terres avaient été cédées, entr'autres un nommé Laurent Voirin, trouvent encore les conditions trop onéreuses, en raison surtout des frais de défrichements à faire ; et ces deux basses sont réascensées aux mêmes conditions à Georges Milot, prévôt de Bruyères en 1619, lequel est autorisé par le cardinal de Lorraine à y bâtir, pour y faire champoyer et pâturer en vaine pâture, le bétail qu'il y mettra, dans les bois des environs et aussi d'y avoir affouage et droit de marnage comme dans les autres ascensements, le sieur prévôt offrant pour ces droits 3 gros ajoutés aux 2 francs de cens annuel. A la mort de Milot, Royer, auditeur des comptes de

---

serf, ses enfants devaient acquitter une taille, à titre de droit de mutation de ses biens par décès, on l'appelait mortaillable.

Les gens qui tenaient des biens de mainmorte comprenaient trois grandes catégories :

1° Les bénéficiers ecclésiastiques et les communautés religieuses ; — 2° les établissements hospitaliers et de bienfaisance ; — 3° les villes, bourgs, bourgades et communautés de marchands et de métiers: lesquelles communautés, dit un ancien auteur, ensemble les églises, monastères et chapitres, d'autant que jamais ne meurent, et que les successeurs représentent toujours les prédécesseurs, ainsi que les héritages par eux possédés ne changent pas de main, en sorte qu'en eux ne se trouve aucune mutation des personnes, sont appelés gens de mainmorte.

Par opposition, on appelait biens de main ferme, ou fermes par abréviation, les biens susceptibles de mutations entre vifs et par décès.

de Lorraine, mari de Catherine Milot et consorts, possédèrent cet ascensement et en payèrent le relevage à l'abbé d'Autrey. Nous voyons plus tard l'abbé Midot, eu 1673, signifier un acte pour être payé du même relevage. Plus tard les héritiers cédèrent leurs droits à Claude Canon de Rambervillers. En 1718, les terres passées entre les mains de P. Alexandre Hilaire, héritier de feu Canon, sont vendues au fermier Mougeolle Joseph, avec leurs charges pour 12000 fr. barrois.

En 1608, le même abbé Laurent se plaint, aux administrateurs de l'évêché, des prétentions croissantes de ses gruyers et autres officiers de Rambervillers, qui ne cessaient de troubler l'abbaye, soit dans la coupe des bois, soit touchant l'ascensement de Sept Fontaines, ou autrement, mais il n'y fut rien statué, sinon que la requête fut renvoyée au procureur général de l'évêché pour examiner les titres et dresser procès-verbal.

En 1634, la France commande dans nos malheureuses contrées. Le roi autorise l'abbé Laurent à donner sa démission, en faveur de Nicolas Serauville son neveu, qui était déjà son coadjuteur depuis 1631, par une bulle d'Urbain VIII, du 9 novembre. Une lettre de S. M. supplie S. S. d'agréer la démission offerte, et d'accorder des bulles de l'abbaye régulière d'Autrey à l'abbé Serauville. Et le roi l'autorise à prendre possession de son temporel le 25 octobre 1635.

C'est l'abbé Laurent qui a laissé un mémoire écrit de sa main touchant l'histoire de St Hubert et les pratiques observées par les pèlerins qui venaient à Autrey.

Le récit du P. Fatet dont j'ai le manuscrit original est identique. J'en donnerai l'abrégé au chapitre suivant; ce sera une digression qui mettra un peu de variété dans cette notice trop peu intéressante.

CHAPITRE IX.

Pèlerinage de St Hubert.

La relique de St Hubert conservée à Autrey en fit longtemps le but d'un pèlerinage célèbre, pour les personnes mordues de bêtes soupçonnées ou atteintes de rage ou qui avaient crainte d'avoir eu avec elles le moindre contact.

Le 3 novembre, jour de la fête de St Hubert, arrivaient de tous les environs, à l'abbaye d'Autrey, un grand nombre de pèlerins, mais plus encore le jour de l'Ascension; l'église, quoique vaste, suffisait alors à peine à les contenir, et on leur débitait jusqu'à trente ou quarante charrettes de pain et cent mesures et plus de vin.

En 1483, Sixte IV avait accordé à perpétuité cent jours d'indulgence à ceux qui, repentants et confessés, visiteraient la chapelle de St Hubert, et feraient quelque offrande pour aider aux réparations et entretien de l'église dédiée à St Hubert. Car quoique fondée sous l'invocation de la bienheureuse Vierge Marie, l'église portait tour à tour le nom de N. Dame d'Autrey, ou St Hubert d'Autrey.

Une statue en bois argenté représentant le saint une mitre en tête, ornée de quelques pierreries, se voyait sur son autel, avec quelques parcelles de ses ossements et de ses ornements sacerdotaux.

Chaque jour venaient des pèlerins de toute qualité, offrant sur l'autel argent, blé, légumes, fromage, jambons, poules et laine : les uns en actions de grâces, les autres, comme mesure préventive.

Les gens mordus de chiens enragés faisaient leurs dévotions devant l'autel; la plupart y faisaient dire la messe et recevaient d'un religieux un billet contenant les abstinences et le régime à faire pendant quarante jours, à l'expiration desquels ils avaient coutume de retourner à la chapelle offrir un cierge d'une livre de cire, en actions de grâces.

On y amenait aussi les insensés. Pendant neuf jours, un religieux célébrait la messe pour le malade, puis, après cette neuvaine, l'exorcisait pendant une demi-heure. Quand la maladie paraissait plus grave, on le baignait dans une cuve placée devant la chapelle, remplie d'eau bénite; quelquefois, mais rarement, on le fouettait de verges pour le contraindre à renier le diable; d'autres fois, on lui donnait à manger du pain et à boire du vin bénits. Et la guérison, pour la plupart, est arrivée à la fin de la neuvaine, ou survient au bout de 5 à 6 semaines, à ce que rapportent les chroniques du couvent.

On avait encore recours à St Hubert fréquemment pour les animaux domestiques mordus : chevaux ou chiens étaient amenés par des personnes qui, après leurs dévotions et oblations dans la chapelle, les faisaient marquer du fer chaud de St Hubert fait en forme de cornet ou de crosse. En même temps, on fait bénir le pain, le sel, les aliments qu'on donne à ces animaux.

(1) Le pèlerinage se faisait solennellement le 3 novembre, puis le jour de l'Ascension. Plus tard, c'était le lundi de la Pentecôte, surtout au XVIIIe siècle.

Dans les comptes de la ville de Rambervillers, on voit à plusieurs reprises envoyer à Autrey une mesure d'avoine, pour la faire bénir de St Hubert, puis la faire manger au bétail en cas d'épizootie. Ainsi en 1584, on fait bénir un foural d'avoine pour donner aux porcs de la ville, de peur de danger d'un chien enragé. Quand on ascense les bestiaux ou qu'on veut ascenser les dents, car tels sont les termes dont on se sert, pour assurer les bestiaux contre les maladies, ou les dents contre les douleurs, rage du bétail, rage des dents, il faut inscrire les personnes dans la confrérie de S^{t}Hubert.

Le mémoire de l'abbé Laurent, comme celui du Père Fatet, est accompagné d'histoires destinées à prouver le danger de négliger le remède offert par l'intercession de St Hubert, et celui non moins grand d'omettre les abstinences prescrites. Nous nous contenterons de rapporter la suivante qui peint les mœurs du temps : « Il y a environ trois cents ans qu'un religieux d'Autrey fit la chasse d'un sanglier avec trompe et chiens, et tant le poursuivit qu'il fut arrêté par les chiens, près de Ste Hélène et enferré par l'épieu du religieux ; le bruit de la curée attira sur les lieux quelques habitants de Ste Hélène, entr'autres le curé et le maire. Le sanglier était sur les terres de Mme l'abbesse d'Epinal, seigneur de Ste Hélène : grands débats entre le maire et le religieux au sujet de la possession du sanglier : Je mets la main, dit le premier, de la part de M. S. le Duc ! Et moi, dit le religieux, de la part de Mgr St Hubert.... Et le pauvre maire tombe soudain et meurt enragé et on l'enterre sur place. Cette singulière histoire de l'influence de St Hubert se trouvait, dit le narrateur, historiée en vitres de l'église d'Autrey, au-dessous de la chapelle.

C'est dans cette chapelle que l'on conservait une phalange d'un doigt de St Hubert, enchassée dans un bras d'argent après lequel pendait, par une chainette d'argent, un cor de chasse argenté. Cette relique était possédée de temps immémorial par l'abbaye qui en tirait grand lustre et quelque lucre.

Avant l'hérésie de Luther, l'abbaye envoyait quelques religieux ou autres personnes avec les reliques dans les évêchés de Strasbourg, Bâle et Constance, recevoir avec l'autorisation des évêques les oblations des fidèles. Depuis, elle se borna à une partie seulement des deux premiers et au val de Galilée.

En chaque paroisse de ces contrées, elle a un préposé chargé de recevoir les offrandes remises ensuite entre les mains de l'envoyé d'Autrey. Ces quêtes faites tous les ans avaient soulevé, dès 1494, le mauvais vouloir des religieux de St Hubert des Ardennes, et amené un procès commencé devant l'évêque de Bâle, plus tard passé à la cour épiscopale de Toul, et terminé en 1503, par un arrangement; puis ranimé en 1505, par suite de querelles cherchées par les bénédictins de St Hubert, pour ne pas payer les 700 florins qu'ils devaient donner aux chanoines d'Autrey, pour le désistement de ceux-ci, de leurs quêtes réduites par l'accord de 1503, au val de Galilée, et aux évêchés de Bâle et de Strasbourg. En 1543, nouvel arrangement, après que le pape Léon X eut lui-même annulé un bref apostolique qu'il avait rendu en 1505, à la sollicitation des bénédictins de St Hubert, arrangement obtenu ar la médiation du duc Antoine, d'Olry évêque de Toul et de Wiss, seigneur de Gerbévillers, bailli de Nancy ; et qui moyennant 140 fr. barrois que les bénédictins de de St Hubert devaient annuellement payer aux chanoines réguliers, conservait encore à ceux-ci les quêtes des trois évêchés de Bâle, Strasbourg, Constance et celles de Lausanne et de Saint-Dié.

Ces quêtes continuèrent donc dans les lieux désignés au profit de l'abbaye d'Autrey qui, pour les faire, déléguait deux religieux, lesquels parcouraient les pays, portant avec eux la châsse de St Hubert. Les bénédictins, de leur côté, cessèrent bientôt de payer la rente annuelle de 140 fr. barrois qu'ils devaient à leurs confrères d'Autrey.

La bulle de Léon X, du 4 septembre 1515, déclare qu'une pétition relative au monastère d'Andaye adressée nouvellement au St Siège, certifie la présence du corps de St Hubert, conservé dans l'église du monastère entier et exempt de corruption. comme il est clairement constaté par la foi de témoins oculaires (V. P. Roberti). Elle défend par conséquent à toute autre église ou monastère de se vanter de posséder quelques parties du corps de St Hubert.

Les religieux retiraient-ils quelque revenu d'importance des cérémonies diverses du pèlerinage ?

Nous voyons par le registre spécial que cette somme était modique.

A l'issue de la grande messe du jour de la fête de St Hubert, 3 novembre, on adjugeait la confrérie à l'un de ses membres : mais de 1727 à 1750, pour 3 à 16 livres de cire façonnée.

On délivrait à certaines personnes de la campagne des clefs ou des cornets bénits pour marquer les bestiaux et recevoir en même temps les nouveaux confrères de St Hubert; mais pour ces commissions nous ne trouvons inscrite aucune rétribution.

Pour ceux qui se faisaient inscrire dans la confrérie, pas de rétribution, seulement nous voyons pour un homme et sa femme 9 sols. Pour trois autres, 1 sol chacun. Pour ceux qui se faisaient ascenser ou leurs familles ou leurs dents, ou leurs bêtes, nous trouvons un cens très modique, 3 deniers, 1 sol, et une fois au maximum 10 sols à payer chaque année ou acquitter en une seule fois. Nous trouvons même un délégué d'une commune venir ascenser les bestiaux de la localité pour 4 ans, et il n'est pas question de cens à payer.

Un homme ascense ses bœufs et vaches pour 12 ans à 1 sol par an, et paye en une seule fois, etc., etc. Ce cens paraît donc n'avoir jamais été qu'une offrande minime, pour la protection demandée au Saint. Vous n'en voyons qu'un seul, en se mettant sous la protection de St Hubert pour toute sa vie, lui promettre un cens annuel de 10 sols. Enfin à ces minimes offrandes, du moins jusqu'à 1750, joignez quelques messes en l'honneur de St Hubert demandées par les pèlerins et confrères.

Dans le XVIIIe siècle les beaux temps du pèlerinage étaient passés.

Des disputes théologiques qui survinrent, sous prétexte de retrancher les abus, eurent un mauvais effet sur le peuple. D'abord on négligea les insensés, on cessa de les y conduire. Bientôt on omit une partie des observances gardées par les personnes mordues. On supprima le bourdon, l'écharpe et la cire ; la quarantaine fut réduite à un jeûne de trois vendredis : On exhorta simplement à revenir à St Hubert après la quarantaine, et au lieu de faire la fête du Saint, les pèlerins devaient seulement le prier le jour de sa fête. Un changement plus grave se fit, ce fut celui de la charité envers les pèlerins, auxquels on en était à se contenter de vendre une ordonnance, en les envoyant à la chapelle de St Hubert, occasion de murmures et de scandales, qui engagea plusieurs personnes à aller de préférence à St Hubert en Ardennes.

Alors le général de l'ordre dut intervenir à la requête des religieux d'Autrey. Le R. R. Huguin, abbé de Chaumousey, après avoir consulté les théologiens de la Congrégation, ordonne en 1727 que, dans l'abbaye d'Autrey, il y aura un prêtre destiné à recevoir, instruire et confesser les pèlerins ; lequel revêtu des habits de chœur les bénira et tout ce qu'ils offrent à leur usage ; la quarantaine ne sera imposée qu'à ceux qui pourront avoir reçu le venin de quelques bêtes enragées ; elle ne consistera que dans l'abstinence des choses qui peuvent le favoriser, et dans trois jours de jeûne au pain et à l'eau. Les pratiques de dévotion consisteront dans l'usage des sacrements et l'invocation de St Hubert.

On n'exigera rien des pèlerins : toutes leurs offrandes seront libres, ainsi que les pratiques qui suivront les guérisons.

Lorsque le prêtre est averti, il va à l'église recevoir les pèlerins avec l'ancienne charité et les bénit en la forme suivante :

1º Au pied de l'autel de St Hubert, prière à ce saint et à la Ste Vierge patronne d'Autrey. — Puis il se lève et met l'étole sur la tête du pèlerin, récitant l'évangile de St Jean, pendant que le pèlerin tient à la main un cierge allumé. — Lui jette de l'eau bénite avec les paroles ordinaires. — Il le console, excite sa confiance en faisant le récit de quelques guérisons opérées tous les jours par St Hubert, et lui fait baiser la relique, et l'invite à s'approcher dignement des Sacrements.

2° Il leur donne une ordonnance qu'il explique, et bénit ensuite le pain, le sel, images, bagues, rosaires et tout ce qu'ils ont présenté.

L'ordonnance n'a rien touché aux abstinences : elle laisse les trois jours de jeûne au choix des pèlerins, indiquant cependant le vendredi, et détermine les exercices de piété, surtout la prière et l'usage des sacrements, pour éviter les superstitions.

Comme il faut quelques frais pour l'entretien de la chapelle, au lieu d'exiger de la cire, on s'est mis sur le pied de dire aux pèlerins, qu'on leur recommandait d'y contribuer selon leur dévotion.

Avant 1708, la chapelle était pleine de leurs dons, témoignage public de la grande affluence de pèlerins, venant remercier St Hubert de leur guérison. L'écrivain qui paraît avoir, vers 1748, colligé un certain nombre d'histoires, affirme avoir vu plus de cinq cents pèlerins par an.

On trouve encore, de 1728 à 1748, 1750 personnes inscrites nominalement dans le registre de la congrégation de St Hubert tenue à Autrey pour les pèlerins, qui voulaient en faire partie. De 1785 à 1788, 347 personnes.

Au rétablissement du culte, aux premières années de ce siècle, ce pèlerinage se transforma en parties de plaisir dirigées sur Autrey, qu'enfin obtint de faire cesser le bon curé d'alors, M. Jacques (de Châtel).

Pour la relique, en 1794, elle restait solitaire dans sa châsse (de bois, fort heureusement), dans l'abbaye veuve de ses religieux qui tous avaient prêté le serment civil, quand le curé constitutionnel de Rambervillers, Augustin Drouel, ex-novice à Autrey, ex-aumônier de l'hôpital, vint, à la tête de la milice citoyenne, s'en emparer et la transporter en grande pompe dans l'église paroissiale de Rambervillers. Vint 93 : un brave habitant donna à la châsse de St Hubert une assez longue hospitalité, et la rétablit dans ses honneurs au retour de l'ordre et du culte religieux.

De loin en loin, mais bien rarement aujourd'hui, vient encore visiter la relique quelque bon campagnard mordu d'un chien enragé et déjà cautérisé préalablement. J'ai omis les prescriptions spéciales données aux malades et imposées pour 40 jours, elles n'offrent à tous égards aucun intérêt ; seulement les 40 jours expirés, il est expressément ordonné de retourner à Autrey ou d'y envoyer un pèlerin avec écharpe et bourdon et une livre de cire et le tout offert sur l'autel de St Hubert en rendant grâces à Dieu et à lui dévotement et *par chaque an apporter ou envoyer son offrande* (1).

---

(1) Dans l'abbaye de St Pierre ou de N. D. de Luxembourg, on prétendait aussi garder une dent de St Hubert, donnée en 1647 par un religieux polonais revenant d'Espagne avec des reliques. Celle-ci ne tarda pas à y attirer de nombreux pèlerins.

Jacques Roberti, frère du jésuite Jean Roberti, auteur de la vie de St Hubert d'Ardennes, et alors abbé de ce monastère, n'avait obtenu, dit D. Calmet, cette précieuse relique qu'à force de prières.

A Bar existait aussi une confrérie de St Hubert dont les membres portaient une espèce de décoration.

D. Calmet, au sujet de St Hubert et des personnes mordues d'un

CHAPITRE X

L'abbé Serauville. Ruines de l'abbaye. Réforme, et union à la Congregation de N. S.

Jusqu'ici, à part quelques incendies, quelques dévastations passagères et ses nombreux procès, l'abbaye a mené une existence assez paisible. Avec la guerre de 30 ans, a commencé pour elle l'ère de la désolation et de la ruine. Suédois, Allemands, Hongrois, Français, Lorrains, c'est à qui pillera, ravagera le plus. Ce malheureux pays de la seigneurie de l'évêque de Metz, dévoué à la France, est traité comme français par les Allemands et les Lorrains, et comme lorrain par les Suédois et les Français. L'abbaye est pillée plusieurs fois par les partis opposés, entièrement dévastée. Les religieux battus, outragés, dispersés, l'abbé résignataire mort à force de coups. Elle est abandonnée de 1635 à 1656 à la merci de la soldatesque.

En 1656, une tranquillité relative paraît renaître, et le malheureux abbé Serauville obligé pendant 20 ans de chercher une retraite, un refuge secret dans la maison que l'abbaye possédait à Rambervillers, travaille alors à réunir de nouveau son troupeau dispersé. Presque tous ses religieux sont morts, lui seul avec deux ou trois survit

chien enragé dit seulement qu'il n'y en a presque aucun de ceux qui s'adressent au saint qui ne recouvre la santé ou du moins qui ne reçoive les sacrements avant la mort.

Il cherche aussi à expliquer naturellement l'influence des pratiques en usage telles que l'incision frontale et le régime observé à ce sujet à St Hubert.

à tant de désastres. Une seule pensée l'anime : rétablir dans son ancienne splendeur le service divin dans l'enceinte ruinée, où il était célébré depuis cinq siècles. Il n'y a plus de religieux, plus de novices, il n'y a plus de biens ; les bâtiments conventuels sont dans le plus triste état ; les maisons de ferme en ruines, les terres en friches et couvertes de buissons et d'arbres sauvages. Encore un peu et toute la contrée sera retournée à l'état d'où les religieux l'ont retirée depuis la donation de cette contrée forestière que leur a faite Etienne de Bar.

L'abbé Serauville ne se découragea pas dans sa profonde affliction, et résolut de s'adresser à la Congrégation des chanoines de N. Sauveur de la même règle, qui avait été ramenée à l'observance par le R. P. Fourier, demandant la réunion d'Autrey à la congrégation.

Qu'il me soit permis de m'arrêter un instant sur la réforme des ordres religieux en Lorraine au XVIIe et de saluer en passant le grand cœur du B. P. Fourier, la gloire de nos pays. — Toutefois, au début du résumé suivant, le nom de M. Thiers revient à ma pensée. Dans la plupart de ses discours, il avait pour principe de servir à ses auditeurs un abrégé d'histoire élémentaire, digne d'un 8e, pensant à tort ou à raison que parmi ses auditeurs il y en avait quelques-uns qui gardaient des souvenirs un peu vagues, ou qui avaient oublié. Au besoin il leur aurait répété que la terre est ronde, et que la Seine coule à Paris. D'où Malitourne l'appelait un *La Palice* qui a le courage de ses opinions. Ce souvenir me trouble un peu en venant rappeler à mes lecteurs plus érudits que moi, ce court résumé de la réforme. Mais je serai bref, et ce sera ma meilleure excuse.

A la fin du XVIe siècle, la plupart des anciens ordres religieux étaient tombés dans le relachement, l'affaiblissement de la discipline et des mœurs accompagnant la licence des esprits : le clergé et le peuple étaient également atteints.

Les résignations intéressées, les coadjutoreries du népotisme, les commendes surtout avaient été les signes précurseurs d'un mal qu'elles augmentaient à leur tour, produisant des abbés sans autorité, des religieux sans discipline, des novices sans vocation et un désordre général. Dom Calmet va jusqu'à dire que la plupart des monastères étaient devenus des cavernes de voleurs et des lieux de dissolution.

En 1591, le cardinal de Lorraine, fils du duc Charles III, résolut de réparer le mal et d'introduire la réforme dans les ordres de St Benoit et de St Augustin. En cette qualité, il reçût de Grégoire XIV la qualité de légat *a latere* avec pouvoir d'assembler tous les abbés réguliers ainsi que les prieurs claustraux des abbayes en commende dans les trois évêchés. Il voulut commencer par l'ordre de St Benoît. Il convoqua plusieurs assemblées qui décrétèrent pour règlement que les religieux auraient dortoirs et réfectoires communs, que les femmes seraient exclues des lieux réguliers, que toute possession particulière serait interdite, que la clôture serait absolue, réception gratuite des novices, etc. C'était assez pour indiquer le mal, mais des règlements étaient insuffisants pour réformer les mœurs. Les anciens religieux ne changèrent rien à leurs anciennes habitudes, et la division ne tarda pas à s'introduire entre les réformateurs eux-mêmes, 1597, et ils durent mettre fin à leurs inutiles efforts. Le cardinal alla même jusqu'à proposer la suppression de l'ordre de St Benoît dans les trois Evêchés.

Il voulut aussi tenter la réforme des chanoines réguliers : le succès fut le même ; les désordres étaient les mêmes, les règlements proposés pour remèdes furent aussi les mêmes, et le résultat semblable. Dans la réunion, tenue à Nancy dans ce but, du chapitre général des chanoines réguliers, furent présents les abbés de St Pierremont, Chaumousey, Lunéville, St Sauveur, Autrey, Belchamp, St Léon de Toul, St Martin-des-Prés et les prieurs du St Mont et d'Hérival. Les efforts pour le rappel à l'antique, régulière et canonique discipline ne produisirent aucun résultat. Outre les trois vœux fondamentaux, on rappelait le silence, le réfectoire commun avec interdiction des étrangers, l'antique aumône, réception des novices avec promesse de les nourrir et de pourvoir à leurs études, jusqu'à l'entrée dans les ordres sacrés. Pas de profession avant 16 ou 18 ans, une infirmerie dans chaque maison, défense de sortir de l'enceinte du monastère sans permission et de nuit, sous peine de prison, la non possession individuelle ; la visite des monastères, la reddition annuelle des comptes, la non cumulation des offices, etc., etc.

Quand le B. P. Fourier eut introduit la réforme, il donna une plus grande part à la vie active et apostolique, comme on le voit dans le *Summarium* des chanoines réguliers, ainsi que dans toutes ses œuvres et sa vie si laborieuse. C'est le cachet principal qu'il imprima à la congrégation de notre Sauveur comme à celle de N.-Dame. L'ancienne constitution admettait déjà cette vie active, puisque l'ordre des chanoines avait des cures à desservir, comme on le sait par Chaumousey qui en avait 16. Mais la réforme donna plus à l'apostolat du ministère paroissial et de l'instruction populaire. Les circonstances l'exigeaient : car l'ignorance était très grande dans le peuple, et les prêtres étaient assez rares, peu instruits et trop peu attachés à leurs devoirs. Les évêques zélés ne trouvaient de fidèles coadjuteurs que dans les ordres religieux. Le B. Père qui souffrait dans son cœur de ce triste état, ne pouvait manquer d'imprimer à sa réforme cette direction nécessaire.

Ce que le puissant cardinal n'avait pu opérer, d'humbles religieux l'obtinrent dans la mesure du possible. Le B. P. Fourier pour les chanoines réguliers, Didier de La Cour pour St Benoît, et Servais Lairuels pour les Prémontrés.

Quand le cardinal avait voulu travailler à la réforme des Bénédictins, il éprouva un embarras sérieux. Impossible de trouver un seul moine qui eût pratiqué ou vu pratiquer la règle de St Benoît. Après deux essais infructueux, il désigna pour séminaire de la réforme future, l'abbaye de St Vanne. Mais la réunion des ecclésiastiques et des religieux les plus estimables qu'il avait convoqués, fut d'avis qu'il fallait se borner à demander aux moines de St Vanne l'observance des vœux et une vie honnête. Celui qui devait avoir l'honneur de la réforme bénédictine est Didier de La Cour, nommé prieur claustral de St Vanne. Il se mit à l'œuvre, et, malgré les oppositions et des difficultés sans nombre, il réussit à établir la réforme dans l'abbaye. Moyenmoutier l'adopta bientôt ; Et le pape Clément VIII, en 1604, érigea la nouvelle congrégation sous le titre de St Vanne et de St Hydulphe. C'est elle qui a donné naissance à la célèbre Congrégation française de St Maur et de Cluny.

Pendant que l'on travaillait à la régénération des Bénédictins, le P. Servais Lairuels entreprenait avec succès celle des Prémontrés qui n'en avaient pas moins besoin. L'oisiveté, l'ignorance et tous les maux qui en sont la suite étaient extrêmes, dit D. Calmet, et la nécessité d'une réforme des plus urgentes, Le P. Servais eut la gloire de l'accomplir. Et cette réforme, du reste, n'était que le retour aux anciens usages, et encore modifiés et atténués. Les Prémontrés, je l'ai déjà dit, n'étaient que les chanoines réguliers réformés au XIIe siècle par St Norbert. Le P. Servais, moine de St Paul de Verdun, en 1600, abbé de Ste Marie-aux-Bois, près de Pont-à-Mousson, rédigea des statuts qu'il fit observer, et les présenta au général qui les approuva. Il transféra ensuite son abbaye à Pont-à-Mousson, pour que les novices pussent suivre les cours de l'université. Il y eut lutte ; mais en 1629, le pape Urbain VIII donna sentence qui maintenait les religieux réformés dans la jouissance des maisons où la discipline avait été rétablie.

La réforme des Bénédictins et des Prémontrés fut suivie de celle des chanoines réguliers de St Augustin, et cette dernière fut l'ouvrage du B. P. Fourier. Ces religieux, plus encore que les Prémontrés, avaient besoin d'une régénération radicale. Et comme nous l'avons remarqué plus haut, les efforts du cardinal de Lorraine étaient demeurés complètement infructueux.

En 1621, le pape Grégoire XV confia à l'évêque de Toul, Mgr des Porcelets de Maillane, prélat remarquable par son zèle et sa piété, le soin de visiter les abbayes de l'ordre et de prendre toutes les mesures convenables.

Il mit son infatigable activité à cette œuvre qui occupa

les trois dernières années de sa vie ; il lui consacra son influence, sa puissance et toute la générosité de son âme, et ne crut rien faire de mieux qu'en s'adressant au P. Fourier, qui était lui-même chanoine régulier. Ils convinrent d'organiser une congrégation avec ceux des anciens religieux qui consentiraient à embrasser la réforme, et de réunir les abbayes lorraines en un seul corps. Mais, dans les diverses abbayes, on ne trouva que six religieux disposés à recommencer leur noviciat dans la congrégation projetée. L'évêque ayant voulu les envoyer à St Pierremont, qu'il possédait en commende, les chanoines refusèrent de les recevoir, et on fut contraint de les placer provisoirement chez les Prémontrés de Pont-à-Mousson. Puis, après une courte probation, ils prirent l'habit le 2 février 1623, et on les conduisit à St Remy de Lunéville, où ils firent leur noviciat sous la direction du P. Fourier. Le 25 mars, ils prononcèrent leurs vœux en présence du prieur de cette abbaye, et jurèrent de suivre la règle de St Augustin, telle qu'elle serait formulée dans leurs constitutions. Le prieur aussitôt livra le monastère aux réformés, et se retira avec ses religieux auxquels on assigna une pension convenable. La communauté s'accrut, et, en 1625, le pape Urbain VIII approuva la congrégation naissante sous le nom de Notre Sauveur.

Ainsi, ce que n'avaient pu faire les règlements et les décrets fut accompli par l'exemple, la plus éloquente des prédications. La même année, les réformés occupèrent les abbayes de St-Pierremont, Domèvre, St Nicolas de Verdun. En 1626, ils entrèrent à Belchamp, en 1627, à St Léon de Toul et ouvrirent à Pont-à-Mousson un séminaire destiné aux religieux qui désiraient étudier. Le B. P. Fourier fut obligé bien malgré lui d'ajourner ses projets sur les autres abbayes de chanoines réguliers.

Pour prévenir leretour d'un abus qui avait contribué à la désorganisation des anciennes communautés, il décida, sauf ratification, que les biens de chaque monastère seraient divisés en deux parts, dont l'une constituerait la mense abbatiale, et l'autre, la mense conventuelle. Au mois d'avril 1627, le P. Guinet fut envoyé à Rome pour obtenir une bulle accordant ce que sollicitait le B. P. Fourier. Elle fut accordée au mois d'août 1628. Et on nomma pour 1er général de la congrégation le P. Nicolas Guinet, qui gouverna avec autant de sagesse que de fermeté. Le bienheureux Père ne fit admettre sa réforme que dans six abbayes pendant sa vie. Chaumousey l'accepta seulement en 1653 et Autrey en 1656.

Le souvenir du B. P. est resté vivant à Autrey, qu'il avait visité je ne sais trop à quelle date, et, jusqu'après 1790, sa statue fut conservée dans l'église profanée et mutilée.

C'est l'abbé Serauville qui demanda l'union de son abbaye à la congrégation de N.-S.

CHAPITRE XI.

Suite. — Traité d'union 1656. — Les conditions. — Visite et constatation des ruines. — Transaction entre l'abbé et les religieux.

Le 6 mai 1656, une assemblée capitulaire se tint à Pont-à-Mousson, présidée par le R. R. P. général Terrel, où fut passé le traité d'union, et établies toutes les conditions du traité. Là se trouvaient réunis R. P. Terrel, général de l'ordre de N. Sauveur, Antoine Cousson, procureur général de la congrégation, Clément Philippe, abbé de St Sauveur de Domèvre, Jean Vichard, supérieur de la maison de St Mihiel, Nicolas Chamois, prieur de St Remy, à Lunéville, Laurent Barthélemy prieur de St Léon de Toul, Nicolas Dauzecourt, prieur de St Nicolas-des-Prés, Jean Hanus de Belchamp, Jean Durand, prieur de Viviers, Philippe Georges, de Chaumousey, et le P. André Lallement, religieux d'icelle congrégation. Ils reçoivent les propositions du R. Père en Dieu Nicolas Serauville, abbé d'Autrey, d'unir cette abbaye à la congrégation des chanoines réguliers, avec des actions de grâces et des sentiments d'obligation très particulière : dès ce jour l'admettent au giron de la congrégation suivant les désirs et intentions de la piété du vénérable abbé Serauville, qu'ils tiennent pour un de leurs bienfaiteurs insignes et désireux de faire tout leur possible par reconnaissance de son affection paternelle envers eux.

En conséquence, le 18 mai 1656, est passé le traité d'union entre l'abbé Serauville et le général Terrel, sous les conditions suivantes :

1° Ladite congrégation doit fournir incessamment la quantité de religieux nécessaires au service divin et jusqu'à six prêtres, dès la paix faite, sauf à en augmenter le nombre suivant les temps et les revenus.

2° L'abbé aura la juridiction et supériorité dans l'église et l'abbaye avec pouvoir de se servir des religieux pour l'office divin, toutes et quantes fois il le jugera à propos.

3° Les religieux fourniront le pain, le vin, le luminaire

pour la sacristie ; quant aux livres et ornements nécessaires au service divin et décoration de l'église, ils seront remis entre leurs mains sous inventaire, sans qu'ils puissent en rien distraire, non plus que des autres achetés, acquis ou donnés.

Ils diront les messes et services d'anciennes fondations et, de plus, continueront les autres fonctions et charges qu'anciennement les religieux soulaient exercer tant pour la vénération des reliques de St Hubert, dont l'église jouit, qu'envers les pèlerins et affligés qui pouvaient venir par dévotion ; fermeture et garde de la Ste Eglise et choses la concernant.

5° Ils seront chargés de moitié des frais d'entretien et de réparations de l'église, l'autre moitié étant à la charge de l'abbé ; ceux du cloître et du chapitre seront entièrement à leur charge.

7° Les titres seront mis et conservés dans un coffre à deux serrures, dont une clef à l'abbé, l'autre aux religieux.

8° Les religieux auront des bâtiments pour se loger avec le jardin potager et verger ; la bibliothèque ou chambre du trésor sera commune. Le grand jardin restera à l'abbé.

9° Ils seront chargés du mur de clôture du côté du village, depuis le dessus du jardin jusqu'à la grande porte et cour de l'abbaye. La chambre dite des malades, joignant le clocher, sera à eux pour leur sortie par la grande porte.

10° Ils auront la métairie de Vuillaume-Fontaine avec les terres dépendantes, et, quant aux prés, ils auront ceux qui aboutissent au void de St Florent avec droit de bergerie en icelle.

11° Ils jouiront par moitié, contre l'abbé, des gagnages de la Voivre, de la Fraze et de la Souche.

12° Les moulins de Thiarménil et de Bru pour le tout, et ceux de Ménil et de Nossoncourt pour la moitié, contre Mgr l'évêque de Metz, demeureront communs entre l'abbé et les religieux ;

13° Les étangs de la Neuve du bois, de Vuillaume-Fontaine, de la Fraze, de la Souche, de Bassené, de Granvillers, de la Gravelle et de la Vannoise, à Ménil, seront par indivis pour être pêchés chaque trois ans, ainsi que les vignes de Valois, de Vigneulles, le Saulcy, la maison et le gagnage dudit lieu ;

14° Les deux muids de sel dus par la saline de Moyenvic seront par moitié ;

15° La scie de Chillemont, la tuilerie, la forge, le droit de mettre trois cents porcs à la glandée, seront par moitié de frais, entretien et rapport :

16° Les quêtes et offrandes de St Hubert seront par moitié aussi bien que la rente des 140 fr. barrois due par les religieux de St Hubert-en-Ardennes pour les quêtes qu'ils pouvaient faire dans les diocèses de Toul, Metz et Verdun ;

17° Tout ce qui appartenait à la pitance et tout ce qui serait dû pour fondations et anniversaires, appartiendra aux religieux seuls, aux charges susdites ;

18° Ils auront le droit de moudre au moulin d'Autrey sans payer mouture, ni aucun droit pour ce qu'ils feraient battre pour leur ménage aux battants du dit lieu ;

Si l'abbé ou les religieux veulent faire quelques réparations dans les biens communs, au refus d'une des parties, l'autre pourra les faire et jouir du fruit du bien réparé jusqu'à récupération des avances ;

20° Les biens accordés aux religieux pour leur mense ne pourront être engagés pour dettes de la communauté sans le consentement de l'abbé. Celui-ci devra avoir entière connaissance des revenus de ladite mense et de son emploi, comme chacun des religieux.

21° Les religieux seront obligés de nourrir, vêtir et entretenir l'abbé, comme l'un d'eux;

22° Ils seront obligés de payer les dettes passives contractées par l'abbé, jusqu'au jour de l'union;

23° Il n'est fait par le présent traité aucune dérogation à l'autorité de l'abbé, soit pour la disposition par résignation ou autrement de ladite abbaye et des biens qu'il aura, et de ceux qui ne sont pas ici spécifiés et qui, dépendant de l'abbé, lui sont réservés, y compris la chapelle de St Florent et ses dépendances, avec le droit d'y mettre un ermite;

24° Obligation de la part de la congrégation de faire autoriser ce contrat par Sa Sainteté.

Telles sont les conditions moyennant lesquelles l'abbé Serauville promet de mettre lesdits religieux en possession de tout ce qui leur est ainsi cédé le 18 mai 1656, en présence de vénérable et discrète personne Jean de Vomécourt, chapelain de Rambervillers, Jacques Viry, curé de Destord, Fr. Phulpin, curé de Ste Hélène : Acte rédigé par J. Guérin, tabellion à Rambervillers (1).

---

(1) Il y a un acte de 1656, où il est dit, que pour commencer leur ménage, l'abbé Serauville, ascense à perpétuité pour 312 fr. barrois (124^r) à la pitance de l'abbaye, 3 prés à Housseras, moyennant 1 fr. barrois de cens annuel et 2 fr. en cas de mainmorte, les 312 fr. employés à commencer l'établissement des religieux.

1660. — *Visite de l'abbaye, constatation des ruines.*

A la requête de l'abbé Serauville, du prieur et des religieux, Mgr l'évêque de Toul nomma Jean de Vomécourt, chapelain de Rambervillers, pour procéder à la visite de l'abbaye et de ses dépendances en 1660. Cette visite, dans laquelle il fut assisté par Nicolas Goutier, maître maçon et Claude Thouvenin, maître charpentier, bourgeois de Rambervillers, pris pour experts, eut lieu 29 juillet et procès-verbal en fut dressé, dont on a copie.

Elle eut pour effet de constater des ruines, encore des ruines, produit des longues guerres que le pays venait de traverser. L'église menace ruine, les bâtiments de l'abbaye sont démolis en partie, ainsi que les dépendances, il n'existe plus ni portes, ni vitres, ni planchers ; la clôture est détruite en grande partie.

La tuilerie incendiée par les troupes, en 1635, n'est plus qu'une masure.

Les maisons de sept menauties d'Autrey, masures abandonnées depuis 1634, et leurs terres en friches et couvertes de buissons.

La forge laisse à peine des traces de son existence. Le moulin de Bru, usine et bâtiment, hors de tout service. La métairie de la Fraze presqu'entièrement démolie, les terres couvertes de broussailles, l'étang rompu.

Le moulin de Thiarménil a totalement disparu, à peine s'il reste quelques traces de ses constructions. La moitresse de la Souche en démolition, il n'y a plus ni charpente ni toiture : les murs eux-mêmes sont en ruines.

La moitresse de la Voivre est dans le même état, ses deux grands bâtiments d'exploitation ont été abandonnés ;

les terres incultes depuis lors, comme à la Fraze et à la Souche, couvertes de broussailles. Il n'y a plus que peu de débris des moulins à deux tournants de la Vacque.

Les étangs de la Gravelle et de Vannoise sont rompus et couverts de bois.

La maison abbatiale de Rambervillers menace de tomber; les planchers, les portes, les vitres sont détruites. Les douze jours de vignes de Valois et de Vigneulles sont en friches depuis 1635. L'étang de Grandvillers rompu. Les prés d'Autrey, outre ceux des menauties, dont partie se laissait à ferme aux particuliers d'Autrey, et l'autre conservée pour la nourriture du très nombreux bétail qui formait le principal revenu de l'abbaye, ne produisent plus qu'à peine pour l'entretien de trois religieux, qu'ils sont dans l'abbaye et encore pour leur subsistance sont-ils obligés de faire quelque labourage.

On voit que la ruine complète de l'abbaye et de ses propriétés avait mis obstacle tout d'abord à l'exécution du traité d'union de 1656. L'abbé Serauville avait cru devoir dissimuler aux religieux l'état lamentable de son abbaye. Trois religieux seulement, au lieu des six convenus, avaient peine à y subsister. Et la misère extrême du pays avait tari les dons et les aumônes.

Le 26 novembre 1660, les religieux mécontents veulent intenter un procès à l'abbé, non-seulement à cause de l'inégalité dans la séparation des menses et la répartition des biens, mais encore de ce qu'ils étaient chargés du pain, du vin et du luminaire. Le R. P. Nicolas Dauzecourt, procureur général de l'ordre, parvient à rétablir l'accord entre l'abbé et les religieux : ils passèrent transaction par devant M⁵ Guérin aux conditions suivantes :

L'abbé cède aux religieux :

1º L'ermitage de S⁵ Florent, avec les dépendances et les prés de dessous à prendre depuis le sentier qui va au bois de la Feigne, et en tirant au haut jusqu'au chemin de Housseras ;

2º Il réunit à la métairie de Villaume-Fontaine les prés qu'il avait distraits ;

3º Pour subvenir aux frais de l'hospitalité, il cède la totalité de la rente due par les religieux de S⁵ Hubert-en-Ardennes ;

4º La totalité du jardin de la vigne à Autrey ;

5º Il abandonne en propre les terres arables, prés, meix et dépendances des menauties de Jean de l'Etang le vieil ou de Chopat, à leur choix, qu'ils déclareront dans six mois ;

6º Enfin la totalité des offrandes et toutes les quêtes que les religieux pourront faire comme du passé, au val de S⁵-Dié, aux diocèses de Bâle, Strasbourg, Constance et autres lieux. Le traité de la séparation des menses subsistant pour tous les autres points.

Au mois de mars de l'année suivante, l'abbé Serauville, réellement restaurateur de l'abbaye d'Autrey, pour remplacer quelques capitaux provenant du revenu de la pitance et des anniversaires qu'il avait touchés, fait à ses religieux, cession de plusieurs sommes qui lui étaient dues ; et le contrat de transport en fut passé par devant maître Guérin, tabellion à Rambervillers.

CHAPITRE XII

Commende. — 1er abbé commendataire. — Premières difficultés. — Transaction.

L'union d'Autrey à la congrégation de N. S. finit par lui rendre la vie, malgré les ruines et les dettes. Et l'abbaye dès ce temps commençait à se rétablir par les soins et diligences particulières des religieux. Cependant Pierre-Charles Midot, pourvu d'un canonicat de la cathédrale de Toul, et de plusieurs autres bénéfices simples, ne laissa pas de solliciter l'abbé Serauville de se démettre de son abbaye en sa faveur, sous prétexte d'employer une partie de ses grands revenus à réparer les désastres d'icelle causés par les guerres continuelles, et par ce moyen la faire changer de nature, et de régulière qu'elle avait été dès sa fondation, ainsi qu'il a été prouvé jusqu'à présent, la rendre en abbaye de commende.

Jusqu'à cette époque, en effet, Autrey avait échappé au fléau de la commende; et quand elle lui fut imposée, il protesta toujours contre cette mesure si désastreuse.

La commende, comme on le sait, avait pour résultat de livrer le titre d'abbé, avec la plus grande partie des revenus d'un monastère, à des ecclésiastiques étrangers à la vie régulière, souvent même à de simples laïques, pourvu qu'ils ne fussent pas mariés. Elle porta partout une atteinte profonde et capitale aux institutions régulières. Les individus investis par les princes de ces bénéfices, sans aucune intervention de la communauté dont ils allaient dévorer les revenus, recevaient des bulles de la nouvelle dignité, qui les subrogeaient aux droits des anciens abbés électifs et réguliers, et réservaient à un prieur claustral l'administration spirituelle du monastère ainsi dépouillé de son droit le plus précieux. Cette plaie dura jusqu'à la Révolution pour le plus grand nombre des abbayes. Et ce fut surtout depuis le concordat de Léon X avec François Ier que le mal atteignit ses dernières limites. Il accordait au roi le droit de nommer à toutes les abbayes et à tous les prieurés conventuels du royaume. Il prescrivait bien de ne conférer les bénéfices qu'à des religieux, mais cette condition fut toujours éludée ou violée.

Le titre d'abbé, porté et honoré par tant de saints, tomba souvent sur des indignes. Il n'obligeait plus ni à la résidence ni à aucun des devoirs de la vie religieuse.

La séparation des menses, établie pour prévenir la dissipation des revenus du couvent, en favorisa un jour l'usurpation, quand le pouvoir séculier voulut attribuer les revenus abbatiaux à d'autres établissements, ce qui amena la ruine des abbayes. Puis la possession de ces revenus produisit des compétitions déplorables et trop souvent des transactions analogues à la simonie. Les abbés ou prieurs commendataires extorquaient le plus possible de la portion de la mense attribuée aux religieux. De là aussi des procès nombreux et scandaleux.

Le 1er abbé commendataire d'Autrey, et le 24e depuis la fondation de l'abbaye, fut donc l'abbé Midot.

Ce choix fut approuvé par le roi de France, le 17 mars 1664 : le 17 juin, Alexandre VII lui accorda les bulles, et le 25 juillet, le parlement de Metz lui permit de prendre possession du temporel.

Cependant il est bon de remarquer que les bulles du

Pape ne dérogent que pour cette fois à la régularité de l'abbaye, et qu'à la mort du titulaire, elle doit retourner à sa première nature, comme en effet elle y est retournée pour quelque temps comme on le verra. Les paroles suivantes de la bulle ne pouvaient laisser place à aucun doute :

« Quodque te cedente vel decedente aut alias dictum monasterium quomodolibet dimittente vel amittente illud, amplius non commendetur, sed in pristinam tituli naturam reverti, eique de persona regulari idonea provideri, debeat, perinde ac si unquam commendatum fuisset, et si commendari contigerit absque speciali mentione et derogatione posterioris nostræ voluntatis, hujusmodi commenda nulla sit eo ipso, et insuper et nunc irritum decernimus et inane, si secùs supersit a quoquam, quâvis autoritate scienter vel ignoranter contigerit attentari. »

L'abbé Midot ne tarda pas à être en difficulté avec ses religieux au sujet de la séparation des menses et de leur inégalité, dont ne cessaient de se plaindre les religieux. Un procès est sur le point de s'élever entre l'abbé et les chanoines ; mais une transaction intervient qui produisit le règlement de 1664, 29 novembre, et une nouvelle séparation des menses approuvée par le R. R. P. Père Terrel, général, et le R. P. Antoine Cousson, procureur général de l'ordre, le 5 décembre. Et pour que la séparation se fît dans toutes les formes, le contrat en fut passé authentiquement par devant maître Guérin, tabellion à Rambervillers dont suit la teneur des articles :

1º L'abbé jouira de toute la basse-cour de l'abbaye, y compris la maison au coin d'icelle du côté du moulin, laquelle avait été laissée aux religieux par le premier traité de séparation, passé avec l'abbé Serauville ;

2° Il aura toutes les terres des *corvées* sises au finage d'Autrey;

3° Tous les prés du finage, à la réserve de ceux tenus par les religieux ci-après déclarés;

4° Toutes les menauties, leurs maisons et autres dépendances sises au village d'Autrey, à la réserve des quatre laissées aux religieux, aussi déclarées ci-après;

5° Il jouira des moulins et battants et de leurs revenus dudit Autrey;

6° Des seigneuries de Fremifontaine, Pierrepont, Vomécourt, avec tous leurs droits;

7° Du grand étang et de l'étang Bassené, situés sur le finage d'Autrey;

8° Des prés et anciens gagnages situés sur le finage de Ste-Hélène;

9° De l'étang de la Vanoise à Ménil;

10° De la moitresse de la Souche et ses dépendances, prés, terres, hayes, bois de haute futaie, etc.;

11° Du moulin de Bru, etc.;

12° De tous les dîmages du territoire d'Autrey, à l'exception des terres dépendantes de Vuillaume-Fontaine, et des quatre menauties laissées aux religieux;

13° De cent cinquante places de porcs à la grasse pâture dans les bois de Rambervillers, et de sept places dans ceux de Ste-Hélène;

14° De la moitié de la scie et de la tuilerie, et de tous les droits à la forge d'Autrey;

15° Des vignes de Vallois et de un muid de sel sur les salines de Moyenvic.

Pour les religieux, ils auront:

1° La moitresse de Vuillaume-Fontaine et ses dépendances, étangs, terres, prés, droits, etc.

2° La maison dite la bergerie, sise au-dessus d'Autrey;

3° Les menauties, maisons, terres et prés anciennement tenus par défunt Jean de l'Etang le vieil, Claudon Mathis, Gabriel Melchior, Louis Farel;

4° La maison franche, terres et prés qui en dépendent, situés en la ville et finage de Rambervillers. La maison fut vendue le 6 février 1674 pour 2000 fr. barrois, par contrat passé pardevant Lhomme, tabellion; sur la porte sont encore empreintes aujourd'hui les armes de l'abbé Laurent et au-dessous ces paroles : *Cor mundum crea in me Deus*;

5° La moitié de la tuilerie et de ses dépendances;

6° La moitié de la scie et la totalité de l'étang d'icelle;

7° L'étang de Grandvillers;

8° Celui de la Gravelle, à Ménil;

9° La moitié du moulin de la Vacque et de Ménil, l'autre moitié à M. S. de Metz;

10° La moitié de la Fraze, étangs, prés, terres, droits;

10° La moitresse de la Voivre et ses dépendances;

12° Les maisons, terres, et autres biens à Vigneulles;

13° La moitié des trois cents places de porcs à la grasse pâture dans les bois de Rambervillers;

14° Le moulin de Thiarménil et ses dépendances;

15° Le jardin de la vigne;

16° L'hermitage les offrandes et revenus de l'église de St Florent.

17° Un muid de sel sur la saline de Moyenvic;

18° Une rente annuelle de 140 fr. due par les religieux de St Hubert-en-Ardennes; cette rente a été rachetée depuis, et le principal employé ailleurs;

19° Les revenus de la pitance, des anniversaires et autres émoluments de l'église d'Autrey ;

20° Les quêtes à cause des reliques de St Hubert qui sont à ladite église ;

21° Le droit de pêche et de chasse pour le défruit de la cuisine, et ce pour eux-mêmes, sans qu'il leur puisse être loisible de pêcher ni chasser par autre personne tierce ;

22° Le droit de moudre tous les grains nécessaires à leur ménage et entretien, aux moulins dudit Autrey, sans payer mouture ni redevances aucunes, non plus que ce qu'ils feront battre et piler aux battants pour leur usage.

Les religieux par même acte sont chargés :

1° Des messes de fondations particulières et générales, ainsi qu'elles ont été réglées depuis par le général Philippe George dans sa visite de 1688 :

2° Des aumônes ;

3° De l'hospitalité ;

4° De la conduite et entretien de l'horloge sans aucune redevance ;

5° Du pain, vin et luminaire ;

6° Des livres de chœur et de leur entretien ;

7° Des cordes de cloches, des linges d'autel, voiles et tabernacles et de tous ornements nécessaires à la sacristie, à la décoration de l'église et pour faire le service divin en icelle décemment ;

8° Quant aux réparations de l'église, clocher et flèche, le tout sera à la charge et frais communs entre l'abbé pour moitié et les religieux pour l'autre moitié, conformément au traité du 18 mai 1656 ; lequel subsistera dans les clauses et conditions auxquelles il n'est pas dérogé par ce dernier acte.

Le R. P. Terrel, général de la congrégation, dit, en approuvant ce traité, que c'est pour contribuer aux bonnes intentions et bonne volonté de M. l'abbé Midot, et pour maintenir la Ste Union par ensemble, comme aussi pour témoigner les respects et remercîments de toute la congrégation envers le seigneur abbé d'Autrey.

Antoine Cousson, procureur général, approuve l'acte purement et simplement.

En reconnaissance de cette concession, les religieux s'obligèrent le lendemain, par acte spécial, de célébrer à perpétuité le 23 janvier, pour l'âme de M. Midot, oncle de leur abbé commendataire, une messe haute de *Requiem* pour bonnes considérations qu'ils avaient pour ce dernier.

CHAPITRE XIII.

Difficultés, arrangements divers ; désastres de 1675, — foi et hommage au roi ; déclaration des biens, 1681.

Les religieux devaient être inquiétés de tous côtés. En 1669, les habitants de la mairie de Rambervillers, dont Autrey faisait partie, veulent comprendre dans leur rôle de la taille seigneuriale de la St Remy, due à Mgr de Metz, les fermiers de l'abbaye, de la Fraze, de Thiarménil, de Vuillaume-Fontaine ; et, s'y étant opposés, il y eut instance à ce sujet au bailliage de Vic ; les religieux interviennent prenant fait et cause pour leurs fermiers ; et par sentence du 4 juin 1670, ils furent déclarés exempts de cette taille. Cette sentence ayant été signifiée auxdits habitants qui n'ont pas interjeté appel, ils sont jugés y avoir acquiescé et reconnaître la franchise des trois censes.

En 1671, il y eut encore quelques difficultés au sujet d'un pré entre l'abbé et les religieux, lesquelles se terminèrent au moyen de la cession que l'abbé fit aux religieux des prétentions qu'il pouvait avoir sur les prés situés au-dessus du Void de la Motte, à prendre de la passée de la Mortagne au-dessous de la vieille scie et à l'endroit où sont deux petites sources, non éloignées l'une de l'autre, jusqu'au Void de la Motte.

En 1673, nouvelles difficultés entre l'abbé et les religieux au sujet de quelques propriétés ; et nouvel acte par lequel on convient que toutes les terres, prés, meix et jardins, dépendant des quatre menauties laissées aux religieux, seraient reconnus et abornés de pierres marquées d'une crosse d'un côté pour M. l'abbé, et d'une rose de l'autre pour les religieux. Il fut déterminé ensuite qu'on examinerait les anciens baux des mêmes biens, qu'on représenta au nombre de trois, et d'une déclaration écrite du R. P. Lallemand, qui devait servir pour donner les connaissances qu'on ne pouvait découvrir dans le quatrième bail, parce qu'il était rongé des souris ; le premier était de 1608 ; le deuxième de 1609 ; le 3e de 1622, et le 4e de 1629.

Les 16 et 17 dudit mois, on procéda en effet à l'abornement, en présence de M. Guérin, praticien à Rambervillers, de Demange Martin et de plusieurs autres anciens ; mais il ne paraît aucun procès-verbal dressé.

Le 18, on fit un échange en faveur de l'abbé,

de quelques terres qui dépendaient des menauties de Jean de l'Etang et de Claudon Mathis (où les moines de Senones prétendent la dîme), et pour contre échange, il abandonne aux religieux 18 jours de terre contigus au chemin des chanoines (1), c'est-à-dire le chemin, dont les chanoines de St-Dié se servaient *pour aller à leur cense de l'Etang*, et qui commence dès la sortie de la côte du Rin de La Motte, passe au-dessus de Villaume-Fontaine, et suit le long du bois jusqu'au Void appelé aujourd'hui le Pont des brebis.

Le même abbé consentit encore que les religieux jouissent du jardin de la vigne, en l'état qu'il était pour lors, parce qu'ils avaient trop avancé la fermeture au-dessus, de même que du jardin de St-Florent et d'une tielle de prés située derrière la muraille.

A la date de 1675, se place un nouveau désastre dont ne parlent pas les documents du P. Dumoulin et du P. Fatet, mais il est connu par une déclaration des biens dépendant de la mense abbatiale et conventuelle, faite en 1702, devant

---

(1) C'est en venant de Moyenmoutier et d'Etival, par la Bourgonce, à Autrey où il devait séjourner, et en suivant le chemin dit des Chanoines, dans la vallée de Chillimont, que le pieux évêque de Toul, Renaud de Senlis, fut assassiné au milieu des forêts, par ordre de Mathieu, frère du duc Ferri, et oncle du duc Thiébaut, près de la cense de Ger faut.

Ce Mathieu, grand prévôt de Saint-Dié, était alors dépossédé de son évêché de Toul, sur la dénonciation de ses chanoines, en 1205, comme mauvais administrateur et dissipateur des biens de l'évêché : destitution trop méritée et plus justement encore par un effroyable débordement de mœurs. Il restait toujours grand prévôt de Saint-Dié. On connaît la fin misérable de Mathieu, tué en 1207, de la main de son neveu le duc Thiébaut.

Louis Barbarat, au bailliage de Vic, dans le ressort duquel était comprise l'abbaye.

Au moment où elle se remettait, grâce à son union à la congrégation du B. P. Fourier, elle fut de nouveau pillée en 1675 par des partis Luxembourgeois et en 1677 par ceux de Manheim, qui prirent et conduisirent dans leurs prisons les religieux qu'ils purent saisir. L'un d'eux y mourut. Comme en 1655, ils furent obligés de fuir et de s'endetter par des emprunts considérables pour racheter leurs confrères prisonniers, et remplacer le mobilier et le bétail, que ces partis ennemis leur avaient enlevés.

Cette déclaration, de 1702 sous l'abbé Pastoret, que je résume ici pour n'y pas revenir, fait l'historique de l'abbaye et de ses viscissitudes. Elle ajoute qu'elle est de petit revenu, située qu'elle est sur un terrain stérile, qui ne produit que du seigle, et qu'elle a été souvent pillée et rançonnée. Et en 1676, la ruine des propriétés rurales était si grande que Demenge Collin, amodiateur de la mense abbatiale, sous-loue pour 60 fr. barrois par an, les prés de la moitresse de la Souche, en partie couverts de broussailles, au fermier de Villé.

Elle possède, ajoute la déclaration, la haute, moyenne et basse justice de Fremifontaine avec d'autres droits, tant fonciers que seigneuriaux en dépendant, excepté la part acquettée par M. Doridant, lieutenant baillager à Bruyères.

Le gagnage de la Voivre, d'ancienneté, — 4 j. 1/2 de vignes à Vigneulles, — 2 j. 1|2 à Vallois en friches, — un gagnage à Ste-Hélène de 45 fr. barrois de revenu et 6 gros, — item à Bult un gagnage contenant 80 jours de terre et 36 fauchées de prés, 10 paires de resaux de froment et d'avoine, 1 bichet de pois et 1 de lentilles, mesure de

Nancy, et 4 fr. barrois ; — un petit étang à Grandvillers ; — la location de Bult à très bas prix à cause de la misère générale.

Quoique hors des Etats de son A. R , elle n'espère pas de moindres effets de ses bontés et de sa protection bienveillante qu'elle en a ressenti dans les siècles passés, de ses prédécesseurs les sérénissimes ducs de Lorraine, particulièrement au sujet de l'amortissement de quelques petits héritages dont elle a fait acquisition dans ses Etats ez années 1697, 1698, déclarés cy-après avec ses anciens fonds.

Le 24 janvier 1681, l'abbé Midot, tant en son nom qu'en celui des religieux, rendit foi et hommage au roi, en exécution de la déclaration du 17 octobre 1680 ; et le 23 septembre, il fit le dénombrement de toutes les terres et seigneuries, droits et dépendances de son abbaye, en exécution de la déclaration royale, et de l'arrêt du conseil du 17 septembre 1680.

Un arrêt de la chambre royale de Metz ordonna la communication de ce dénombrement au procureur général pour y fournir des blâmes le cas échéant. Mais, sur la conclusion de celui-ci, et ensuite des publications faites dans tous les lieux où ces terres et seigneuries étaient situées, la chambre entérina ce dénombrement et ordonna que l'abbé et les religieux jouiraient des droits, rentes et revenus qui y étaient mentionnés.

Comme cet aveu et ce dénombrement forment un titre contre lequel on ne peut rien opposer, on rapportera la déclaration des biens qui y sont contenus, et qui sont communs ou particuliers aux religieux :

1° Les dîmes du finage d'Autrey, communes;

2° La pêche, commune ;

3° La scie, commune ;

4° La tuilerie, commune ;

5° Le droit de pâturage dans le ban de Rambervillers, Ste-Hélène et St-Gergonne (Gorgon), commun ;

6° Le droit de chauffage et de marnage en haut bois de Rambervillers, commun.

7° Le droit de mettre trois cents porcs à la grasse pâture des bois, commun.

8° Un moulin appelé Thiarménil, situé au-dessous du village de Jeanménil, avec quelques héritages en dépendant, aux religieux seuls ;

9° La moitié du moulin de Ménil, au ban de Nossoncourt, aux religieux seuls, l'autre moitié appartenant au seigneur évêque de Metz ; et la moitié d'un autre au-dessous de la prairie dudit Ménil, appelé aujourd'hui le moulin de la Vaque (supprimé en 1868).

Le 23 août 1684, il se fit un échange de deux meix dépendant de la menautie de Louis Farel, contre une pièce de terre contenant environ un jour et demi, que l'abbé céda aux religieux par contrat sous-seing privé du dit jour ; cette pièce étant entre la corvée de St Florent d'une part et d'une pointe, le chemin allant à la métairie dudit St Florent d'autre part, le meix de la métairie aussi d'une pointe, le chemin allant à Housseras d'autre pointe, le meix de la métairie aussi d'une pointe, le chemin allant à Housseras d'autre pointe.

Le 31 août 1684, les religieux firent homologuer au parlement de Metz le contrat de séparation des menses, faite avec l'abbé Midot, le 10 décembre 1664. On a l'arrêt en parchemin.

En 1693, 24 avril, en exécution de la déclaration du roi de France, de 1689, l'abbaye dut payer 546 livres 7 deniers pour droit d'amortissement et de nouvel acquet. Nous sommes déjà loin de la libéralité avec laquelle les seigneurs évêques de Metz accordaient des immunités ; et la fiscalité française pesait depuis dix-huit ans sur la Lorraine. Les gouvernements passent, mais les impôts restent. En 1703, il fallut payer pour les mêmes droits 565 livres 1 sol à S. A. R. de Lorraine.

Le 5 juillet 1709, ils payèrent encore 25 fr. pour être dispensés de prendre des lettres d'amortissement à grand sceau.

Mais le 18 novembre 1742, ils ont pris des lettres à grand sceau, qu'ils ont fait enregistrer à la Chambre des Comptes, 16 février 1743, ensuite de l'arrêt de ladite Chambre du dit jour.

Le 4 août 1696, il y eut un accommodement entre l'abbé et les religieux, au sujet des champs situés au-devant du Rin de La Motte, d'un pré au-dessous du neuf étang, et de l'aisance du côté de la grande muraille de la Bergerie pour un conduit ; et il fut arrêté par contrat passé devant Lhomme J. tabellion à Rambervillers :

Que l'abbé jouirait des champs qui sont au-dessous des bornes qui partagent lesdits champs, Et les religieux, de ceux qui sont au-dessus : qu'en place du pré au dessus de l'étang, ils auraient un jour et demi de terre dans les corvées d'Autrey, allant à l'étang Bassené ; et enfin qu'il y aurait une ruelle commune de trois pieds et demi de large, entre ladite muraille et les jardins de derrière la maison de l'abbé.

En 1697, un procès est encore sur le point de s'élever entre l'abbé et les religieux : le premier prétend lever des dîmes sur quelques terres, dont jouissent les religieux, de deux jours et demi sur l'étang Bassené et sur le jardin de la Vigne. Mais des amis communs, Gegoux, curé de Ste-Hélène, et M. Doridant, seigneur de Fremifontaine, parviennent à rétablir la paix, en obtenant une renonciation de l'abbé à ses prétentions.

Enfin après avoir vécu, avec les religieux, dans un état de luttes continuelles, le 1er abbé commendataire d'Autrey y mourut le 21 août 1699.

Si la séparation des menses, qui divisait si profondément dans tous ses intérêts la famille religieuse, fut établie dans la maison d'Autrey par les traités de 1656, 1660 et 1664, dans le but d'assurer une paix plus profonde et un accord plus intime, entre l'abbé et ses religieux, l'expérience qu'on en fit sous l'abbé Midot ne fut guère favorable à cette prétention,

CHAPITRE XIV

Querelles pour les bois avec l'Evêché de Metz

Dans la dotation primitive de l'abbaye d'Autrey, par son fondateur, se trouvait compris un périmètre d'environ trois kilom. en tous sens, de terrains presqu'entièrement alors couverts d'une immense forêt. Les religieux en avaient défriché, cultivé, assencé à peu près tout ce qui en était susceptible. Restait encore une belle futaie couvrant les pentes du dernier contrefort d'un des chaînons de la Vosge, qui séparaient les bassins de la Meurthe (*Murt, Mourtha, Murtha*) et de sa petite sœur la Mortanne ou Mortagne, entre la vallée de Chilimont et celle de la Mortagne.

C'est au sujet de cette portion encore soumise au régime forestier, auquel elle était exclusivement propre, que les agents de la gruerie épiscopale, depuis la fin du XVIe siècle, inquiétaient l'abbaye.

Jusqu'à cette époque, les immenses forêts de la châtellenie n'avaient eu de valeur que par le produit de quelques amendes, de la grasse pâture, quand il y avait grenier, suivant l'expression du temps, c'est-à-dire glandée, et par quelques ventes amiables, sous forme de transaction annuelle avec les royers et charpentiers, soit de la mairie de Rambervillers, soit du ban de Nossoncourt. Jusque là, il n'y avait que deux scieries appartenant au seigneur évêque de Metz, avec celle de l'abbaye, en exploitation; leurs produits suffisaient au pays. En vain, vers la fin du XVe siècle, essaya-t-on, pendant une ou deux années, de flotter les planches sur la Mortagne ; il fallut y renoncer immédiatement.

Les forêts ne semblaient entrer dans le domaine utile du seigneur, que pour attirer par les concessions les plus larges auxquelles elles puissent prêter, des habitants dans cette contrée encore peu peuplée même au XVe siècle ; car l'homme, alors, avec ses instruments de travail, comme les produits agricoles de ses travaux, étaient seules matières corvéables et taillables.

Les agents de la chancellerie du Seigneur évêque

connaissaient parfaitement les droits de propriété concédés à l'abbaye.

Au XVIIe siècle et au commencement du XVIIIe, les officiers de la gruerie de Rambervillers semblent s'attacher à ruiner entièrement cette partie des forêts de la châtellenie par des coupes excessives ; ils tracassent par de continuels procès les segards et les fermiers de l'abbaye, prétendant qu'ils ne pouvaient couper aucun bois sans marque. Et en 1696, ils poursuivirent les premiers et les condamnèrent à 10 livres d'amendes et aux dépens, avec défense à eux de couper à l'avenir sans marque dans les bois de M. S. Il y eut appel de cette sentence à la table de marbre à Metz, et elle fut infirmée par arrêt rendu au souverain, le 5 décembre de la même année, et l'abbaye maintenue au droit et possession de couper sans marque tous les bois qui lui seraient nécessaires, tant dans ceux dont elle a droit, que dans ceux qui appartiennent au seigneur évêque de Metz dont elle est usagère, ainsi qu'elle a toujours fait, avec injonction néanmoins d'user du bois de sapins en question, en bon père de famille, sauf, dit la cour, à y remédier en cas d'abus.

Il est bon de remarquer que cet arrêt est relatif et n'est fondé que sur une déclaration du roi du 11 avril 1682, qui veut que les ecclésiastiques et gens de mainmorte possédant des bois de haute futaie ou taillis, au delà de 6 lieues des villes principales des trois évêchés, Metz, Toul et Verdun, soient maintenus dans la pleine et entière liberté d'en disposer et de les administrer comme tout le reste de leurs revenus, en bons pères de famille.

C'est sur cette déclaration que fut infirmée la condamnation et la sentence des gruyers de Rambervillers, attendu que les forêts qui dépendent de l'abbaye, étant éloignées de plus de 6 lieues des villes de Toul, Metz et Verdun, les gruyers n'y avaient aucune juridiction.

Mais ni la disposition royale, ni l'arrêt du parlement de Metz, n'arrêtèrent longtemps les tracasseries des agents de la gruerie épiscopale. En 1712, nouvelles attaques contre la jouissance forestière de l'abbaye, alors sous la domination française. Et ils firent 3 rapports — Le 1er rapport contre les religieux sur ce qu'ils avaient fait couper sans marque plusieurs bois de marnage pour rétablir une maison incendiée l'année précédente à Bult, qui est sur les états de Lorraine ; le 2e du 22 septembre contre les fermiers de Vuillaume Fontaine, pour avoir pareillement coupé sans marque un bois hêtre ; et le 3e du 2 octobre contre les fermiers de l'abbé, aussi pour avoir coupé sans marque un chêne. Les officiers de gruerie firent les procès-verbaux, mais comme ils étaient juges et partie, les religieux, pressentant des condamnations inévitables, portèrent l'affaire devant l'évêque. On lui présenta une carte topographique de la situation, et on lui justifia plus clair que le jour, par bons titres, que tout ce qui y était contenu appartenait en toute propriété à l'abbaye : mais cette carte ayant été faite sans sa participation, il fut convenu qu'elle serait vérifiée par une personne intelligente. On convint, pour cette vérification, du Sr Liégeaut, procureur général, du bailliage de l'évêché de Metz.

Le sieur Liégeaut s'étant transporté sur les lieux, accompagné du gruyer de Rambervillers et de ses forestiers, reconnut l'exactitude de la carte dans laquelle se trouvaient en effet les cantons où avaient été faites les reprises.

Les religieux se présentèrent avec le certificat donné

par le sieur Liégeault, et tous les autres titres et papiers justifiant de leurs droits, espérant que cette reconnaissance les mettrait à couvert de nouvelles tracasseries, mais ils n'obtinrent de la chancellerie épiscopale que l'abandon des poursuites commencées.

Mais de cet acte qui les délivre des poursuites se peuvent tirer ces deux conséquences.

1° Que l'évêché reconnaît leurs droits en ne voulant pas soutenir le procès de ses officiers ;

2° Que les religieux peuvent user de leur bois, tant pour les réparations des biens qu'ils ont, où ils puissent être situés, qu'autrement.

— Le 20 février suivant, on fit signifier cet acte aux officiers de gruerie de Rambervillers, avec protestation contre eux en cas qu'ils continueraient à faire des ventes et coupes de bois dans tout le périmètre compris dans la carte dressée, et sur lesquels les droits des religieux sont reconnus.

— L'évêque ne promit que verbalement de faire respecter les droits qu'il reconnaissait, contre les entreprises de ses agents. Mais jamais ne fut plus vrai qu'en cette rencontre le proverbe qui dit : *scripta manent, verba volant, prœtereaque que nihil.* —

L'abbaye ayant fait faire un marteau portant pour empreinte le cornet de St Hubert, veut faire marquer les bois dont elle avait besoin, quand on apprend que le seigneur évêque a donné ordre à ses officiers de verbaliser contre les religieux, et de couper et de vendre dans les bois dont avait joui toujours l'abbaye, comme auparavant, et de faire un rapport touchant la coupe des bois qu'ils avaient fait abattre pour la construction de la nef de leur église. Il y eut rapport et assignation en juin 1713, descente sur les lieux et appel à la table de marbre, les religieux disant que si la vue des lieux n'est ordonnée que pour reconnaître s'ils ont commis des dégradations dans l'exploitation autrement que par la coupe qu'ils ont faite, ce qui ne peut leur être imputé à délit, ils acquiescent à cet égard à la sentence; que si, au contraire, les dits officiers prétendent voir en cela un prétexte pour contester aux abbés et religieux le droit qu'ils ont de couper sans marque les bois dont ils ont besoin, ils persistent dans leur appel, avec sommation de s'expliquer dans le jour.

Les choses restèrent en cet état jusqu'en 1715, où les agents de l'évêque vendent 12,000 sapins et 4,000 cordes de bois, dans ces mêmes cantons rappelés dans la carte.

L'abbaye s'y oppose en vain.

En 1718, l'abbaye, comprise dans la châtellenie de Rambervillers, passe de la domination de la France sous celle de la Lorraine; et l'évêque de Metz présente à son A. R. le duc de Lorraine une requête pour obtenir un règlement d'usage de ces bois, dont il se dit nettement seul propriétaire. — Le décret fut signifié par exploit à l'abbaye, qui y répondit par un acte du 29 novembre.

Le 17 juillet 1719, le seigneur évêque obtint un arrêt du Conseil à l'effet de faire procéder à la visite et reconnaissance de ses bois. Ce fut M. de Girecourt, grand maître des eaux et forêts (dont la terre fut érigée en baronnie en 1724), qui fut chargé de visiter et reconnaître les lieux.

Enfin, le 23 décembre 1721, le Conseil de son A. R. rendit son arrêt dans cette grande et longue affaire, qui intéressait à un si haut point la prospérité de l'abbaye, à une époque où les bois acquéraient une valeur réelle.

L'évêque est maintenu dans la pleine et entière propriété des hauts bois, même des contrées désignées dans la carte des religieux et à eux concédées par les titres de fondation, et dont ils sont évincés par cet arrêt, avec défense d'y exercer d'autres droits que ceux de simples usagers, et aux mêmes charges et conditions pour les marques et délivrances de leurs bois d'affouage, d'entretien des chars et charrues, cloisons d'héritages, fontaines et marnage etc. après requête et devis, et pour réparations et couvertures des bâtiments. Quand il s'agira de la construction d'un bâtiment entier, ou de réparations exigeant plus de dix arbres, ils seront tenus de se conformer à ce qui a été statué pour les autres usagers. Les bois nécessaires seront marqués par un forestier, en présence de 2 officiers au moins.

Et ils paieront annuellement aux dits officiers, pour leur portion de chauffage, d'entretien des charrues, chars, cloisons, etc, 25 fr., et 4 fr. 8 gros aux forestiers. Et pour les bois de bâtiments, de montants ou autres pièces principales de charpente, il sera payé 6 gros, et 3 gros pour les pièces de moindre grosseur, chevrons et autres.

Le même arrêt ordonne qu'il sera marqué et délivré annuellement par un forestier, en présence de 2 officiers, 250 sapins pour leur scierie, ayant soin d'y comprendre les plus vieux, avec défense aux officiers d'outrepasser cette quantité sous telle peine que de droit. Et pour la marque et le récollement des dits arbres, les officiers auront 42 fr. et les forestiers 14 fr. 8 gros, en sus des redevances anciennes dues par l'abbaye à Mgr de Metz pour cette scierie.

Au surplus, les religieux sont condamnés aux dépens, réglés par le conseil à 200 fr , tous autres frais moitié à notre charge et l'autre à celle des usagers de la châtellenie.

Ce n'est là que la première phase de ce long procès, qui pour l'abbaye ne se termina que vers 1784. L'importance de ses possessions contestées était presque pour elle une question de vie ou de mort ; de là l'opiniâtreté de l'abbaye dans la défense de ses droits à travers tous les incidents et tous les arrêts rendus à plusieurs reprises, soit à la table de marbre qui donna à l'évêque la propriété des bois et voulut régler le mode de jouissance en 1721, soit au Conseil privé de Stanislas en 1750, qui restreignit encore les droits de l'abbaye, entendant les réduire comme ceux des autres usagers de la mairie de la châtellenie, auxquels il les assimilait.

CHAPITRE XV.

Joseph Sulpice Pastoret 25e abbé régulier, 1699-1721. — Contestations pour la scierie de Chillimont et les bois nécessaires.

Après la mort de l'abbé Midot, arrivée le 20 août 1699, Joseph Suipice Pastoret, natif du pays d'Aoste, religieux profès de la congrégation, fut envoyé près du roi de France de la part du R. R. P. général Massu, abbé de St-Pierremont, pour donner avis à Sa Majesté de la mort de l'abbé d'Autrey, lui représenter la nature ancienne de l'abbaye, et la supplier de vouloir bien, sans s'arrêter au dernier brevet de commende donné par elle, la faire rentrer en règle en y nommant un régulier.

Et soit que le roi ait fait attention aux remontrances à lui faites de la part de la congrégation par le sieur Pastoret, ou qu'il ait eu avis des services considérables que ce dernier avait rendus à l'Eglise, ayant desservi de grosses paroisses, et s'étant beaucoup exposé en administrant les sacrements à une infinité de soldats et de pauvres malades dans les hôpitaux, le roi, sans avoir égard à sa qualité d'étranger, lui accorda, le 1er novembre 1699, un brevet de l'abbaye d'Autrey, en vertu de l'indult que lui avait accordé Clément XI pour les territoires des trois Evêchés. Le 23 mai 1701, il reçut les bulles du pape.

En décembre 1699, le roi lui avait accordé les lettres de naturalisation nécessaires pour posséder l'abbaye. Le 6 février 1700, il prêta son serment de fidélité entre les mains de M. Turgot, intendant de Metz; et le 18 mars, il obtint un arrêt du parlement pour prendre possession. Le 12 mai 1701, un arrêt de la chambre des comptes de Metz ordonnait les informations de sa vie et mœurs, et le lendemain, les informations prises, l'enregistrement des lettres de naturalisation.

Enfin, le 25 juin 1701, le grand vicaire de Mgr de Bissy, évêque de Toul, M. de Laigle, fulminait les dites bulles et recevait sa profession de foi. Il prenait possession le 5 juillet suivant, et le 10 août 1704, se faisait bénir à Toul par M. de Bissy, évêque, depuis cardinal.

Presque dans le même temps que l'abbé Pastoret prenait possession de son abbaye, les officiers du seigneur évêque de Metz s'avisèrent de faire construire une scierie au-dessous de celle de l'abbaye, dans le dessein de consommer les bois de sapins qui étaient sur la partie de leur maîtrel et qui est contigüe à ceux d'Autrey (l'arrêt plus haut n'avait pas encore été rendu), ou plutôt pour avoir occasion de mettre la cognée dans ces derniers, comme en effet depuis ce temps ils l'ont toujours fait avec beaucoup d'injustice. Mais comme ils n'avaient ni terrain pour asseoir cette scierie, ni eau pour la faire saguer, ils eurent recours aux religieux, à qui tout le fond du dessus de leur scierie jusqu'à la rivière de Mortagne appartient en propre, de même que l'eau, conséquemment, et leur firent les propositions suivantes :

1º Qu'au moyen du 1/2 arpent de terrain qu'ils prendraient sur le fond des religieux au lieu où la leur était anciennement bâtie, Iceux et l'abbé seraient déchargés d'une redevance annuelle de 50 planches qu'ils devaient au domaine du seigneur Evêque à Rambervillers pour raison de ce qu'ils prenaient du bois sur la partie du dit seigneur Evêque.

2º Que le segard ne passerait pas le terrain cédé pour mettre les planches et les tronches, et qu'il fermerait cette enceinte par une haie ou palissade.

3º Que pour empêcher que les prés qui sont au-dessous de cette scierie et le grand Etang ne dépérissent par la sciure des planches, le segard viderait 2 fois la semaine la fosse de la scierie et brûlerait la sciure.

4º Qu'il serait permis comme avant aux fermiers des religieux de prendre l'eau dans le ruisseau pour arroser leurs prés dans le temps et la saison convenables, sans qu'ils puissent en être empêchés par le segard ni aucun autre.

5° Enfin qu'on ne vendrait ni fournirait aucun sapin pour autre scierie que celle qu'on voulait faire construire et celle des religieux, parce que la pratique du contraire pourrait dans la suite rendre les 2 scieries inutiles par manque de bois.

Selon toutes les apparences, ces propositions, qu'on trouve écrites de la main du R. P. Mengin, pour lors prieur, furent reçues, puisque dès ce moment, vers 1702, on fit construire la nouvelle scierie, mais on n'en trouve aucun acte dressé ni signé de part ni d'autre. C'est pour ce sujet que les religieux, ayant fait leurs remontrances au seigneur Evêque dans le même temps qu'ils lui présentèrent leur carte topographique, il fut convenu qu'il écrirait à M. Brachet, son intendant, qui avait fait les dites propositions pour savoir si on les rapportait justes, et qu'au cas qu'elles fussent vraies, on terminerait à l'amiable cette difficulté.

On a écrit plusieurs fois à ce Brachet depuis ce temps-là mais sans réponse. Ce qui est particulier, et qu'il est bon de remarquer, c'est qu'on n'a pas payé cette redevance de 50 planches depuis 1697, et qu'on ne les a pas répétées depuis.

Il faut aussi remarquer que dans l'acte qu'on a fait signifier le 20 février 1713 aux officiers du seigneur Evêque de Metz à Rambervillers, lors de son départ, on proteste de se pourvoir, pour faire exécuter la convention verbale sur la bonne foi de laquelle, les religieux ont consenti à la construction de la scierie du dit seigneur Evêque sur leur fond. Ainsi cet acte empêche en quelque manière la possession, et remet toujours les religieux dans le droit de faire renverser cette nouvelle scierie, au cas qu'on ne voulût pas s'accommoder avec eux et qu'on viendrait à les inquiéter.

Pour prouver la propriété du terrain sur lequel Mgr de Metz a fait bâtir sa scierie, il sera bon, au cas qu'il vienne à nous inquiéter pour la redevance des 50 planches, de lui faire représenter un mémoire servant d'observation sur les titres de l'abbaye, fait par le sieur Liégeault, de Vic, adressé à Mgr l'évêque en décembre 1712, par lequel mémoire entr'autres remarques faites par ledit Liégeault, celle-ci touchant le ruisseau venant de la source appelée Chillemont, y est couchée comme s'ensuit : L'abbaye d'Autrey prouve la propriété ancienne de la scierie nouvelle concédée à Mgr parce qu'elle est située sur un ruisseau qui lui appartient et qui provient d'un étang au-dessus de l'abbaye, au-dessous duquel elle a fait rebâtir une autre scierie en place de celle qu'elle avait plus bas, qu'elle a cédée à Monseigneur.

Une preuve qu'il ne faut pas omettre à la décharge de la redevance de 50 planches, nonobstant qu'il en soit fait une réserve dans l'arrêt de 1721, 23 décembre, c'est que par un autre rendu postérieurement au même conseil en une instance intentée de la part de Mgr l'évêque contre le nommé Pierre Gaillard, ci-devant son châtelain, ce dernier par l'article 27 de son état, ayant demandé indemnité à Mgr l'évêque de 2 voitures de planches par année, dont l'abbaye est, dit-il, chargée envers son domaine, cet article a été rayé par arrêt, ensuite de l'aveu fait par l'évêque qu'il y a effectivement eu décharge de la dite redevance avant qu'il eût passé bail de sa châtellenie à Gaillard ; celui-ci n'a rien à demander, dit-il, d'après son bail où on ne lui a rien garanti de litigieux.

Pour ce qui est de notre scierie commune avec M. l'abbé, on ne peut pas nous la disputer tant à cause de la possession immémoriale dans laquelle nous sommes, puisqu'elle était déjà ci-devant construite où le seigneur Evèque a fait mettre la sienne, ainsi que les vieux fondements qu'on y a encore retrouvés le démontrent visiblement, que parce que étant couchée dans le dénombrement fait par l'abbé Midot en 1681 et n'y ayant point eu d'opposition, cela seul suffirait pour l'opposer à l'Evêque, au cas qu'il voulût nous inquiéter à ce sujet comme il a quelquefois voulu le faire, D'ailleurs, l'arrêt de la Table de Marbre de Metz de 1696 ayant été rendu à l'occasion de la coupe des sapins qu'on employait à la scierie, si l'abbaye n'eût pas eu droit d'avoir une scierie, il était inutile de leur accorder la liberté de prendre des bois sans marque, comme elle en avait déjà pris auparavant. Aussi l'arrêt de S. A. R., rapporté plus haut, accorde-t-il à l'abbaye la quantité de 250 pieds d'arbres sapins tous les ans, pour l'exploitation de sa scierie.

On remarque aussi par les comptes des rentes et redevances de la mense conventuelle qu'ils font mention d'une scierie située sur le finage et territoire d'Autrey; les plus vieux sont de 1666.

CHAPITRE XVI

Traité de 1709. — Bâtiments conventuels reconstruits en 1709. — Reconstruction de la nef de l'Eglise.

Dès 1702, les religieux songèrent à renouveler leurs

vieux bâtiments pour se loger plus commodément. Dans ce but, ils proposèrent à l'abbé Pastoret de leur abandonner quelque terrain qui leur convenait, soit pour leur nouveau bâtiment, soit pour construire de nouvelles écuries. Plusieurs traités furent passés successivement avec l'abbé qui se prêtait volontiers à tous leurs désirs. Enfin le dernier, qui est du 5 avril 1709, les annulant tous, porte ce qui suit :

1º Que M. l'abbé cède en propriété aux religieux la place pour bâtir des écuries, où elles étaient ci-devant, en face du portail de l'Eglise ;

2º Deux petits cabinets attenant à l'escalier du quartier abbatial, qui pour lors était contigu à l'angle de l'église avec la petite cour et les vieux bâtiments jusqu'à la muraille de séparation de son jardin avec celui des religieux, laquelle ils ont fait faire tout à neuf à leurs frais en 1709.

Et pour échange les dits religieux cèdent à M. l'abbé :

1º Les deux caves qu'ils ont fait bâtir sur leur fond, à portée de sa cuisine ;

2º Une maison neuve qu'ils ont aussi fait bâtir proche de la tuilerie, et où demeure aujourd'hui Dominique Severin, maréchal-ferrant ;

3º Tout le terrain qui est au long de la tour et de la nef de l'église jusqu'à l'angle d'en haut de la chapelle Saint Hubert, lequel terrain on enfermera à frais communs par un mur de séparation ;

4º Une petite portion de terrain dans le jardin qui est au-dessous de leur maison neuve et où demeure présentement George Durand, maire, et ce pour pratiquer un chemin sur le point où il était de bâtir le quartier abbatial sur la porterie ;

5° Ils lui feront bâtir un petit logement en forme de rabaissée attenant à sa cuisine.

6° Enfin ils lui cèdent 3 jours 5 omées et une verge de terre, lieudit en Bellemont, finage de Ste-Hélène.

Et comme ce traité n'était fait que sous l'agrément du RR. P. Legagneur, général de l'ordre et abbé de Chaumousey, il le donna à Lunéville, 19 avril 1709, temps auquel les deux grandes ailes et bâtiments tels qu'ils paraissent aujourd'hui furent achevés.

Dès le 7 mars 1704, la première pierre de la grande aile du levant fut posée par M. de Lescure, lieutenant général au baillage de l'évêché de Metz à Vic, et délégué de M. l'intendant au nom de Mgr de Coislin, duc de Cambout, évêque de Metz. Dès le 1er mars 1707, elle était en état de recevoir les religieux.

La première pierre de l'aile en retour fut posée par le R. P. Charles Mengin, prieur, le 4 septembre 1706, et l'aile achevée également en 1709.

Les écuries bâties en 1704 vis-à-vis du portail, les greniers et toutes les caves au-dessous, et qui prennent jour sur la basse-cour, le tout au frais des religieux, qui montèrent, suivant les comptes-rendus, à 40,000 fr., sans y comprendre les voitures qu'ils firent de leurs mains, les gages et la nourriture de plusieurs manouvriers, ni les bois, les planches, ni les gages des menuisiers, ni l'entretien des frères adjuteurs, architectes et autres qui y ont travaillé.

Il est assez surprenant qu'après une dépense de cette conséquence, soutenue par les religieux seuls, et que leur mense étant aussi modique qu'elle est, ils aient eu cependant assez de confiance dans la Providence et au Père des miséricordes pour faire d'autres entreprises, qui pour être moindres que la première, ont quelque chose néanmoins par dessus, puisqu'elle regardent uniquement la gloire de Dieu et l'édification du prochain.

L'abbé Stevenay, comme il a été dit, avait bien dans son temps reconstruit le chœur et les deux chapelles latérales de St Hubert et de St Nicolas, mais là s'étaient arrêtés ses travaux, soit que sa bourse fût épuisée ou qu'il eût réservé cet ouvrage à ses successeurs. Il n'avait pas touché à l'ancienne nef ; et non seulement elle était bien éloignée de répondre à la beauté du chœur, mais encore menaçait ruine, déjà même à l'époque de l'union de l'abbaye à la congrégation, en 1656.

En 1709, les religieux prirent donc la résolution de la renverser, et déjà firent quelques préparatifs pour en construire une nouvelle plus en rapport avec le sanctuaire.

D'après la séparation des menses, les religieux ne sont chargés que de la moitié des réparations de l'église, l'autre moitié incombant à l'abbé. Ils soumirent à l'abbé Pastoret leur projet de reconstruction, qui l'agréa fort, mais en leur faisant observer que pour sa part il n'était pas en état de subvenir à pareille dépense. Par une convention toute spéciale, sans tirer à conséquence pour la suite, les religieux alors se chargèrent de toute la dépense moyennant 1,000 écus que leur donnerait l'abbé. De plus, que celui-ci se chargerait de la moitié des charrois, ce dont il se rédima encore pour 50 écus seulement, et les planches et autres pièces de bois qui se prendraient sur la scie, et seraient fournies par moitié. L'acte qui en fut passé est du 6 avril 1709.

Tous les préparatifs faits, en 1711 on creusa les fondations, et le 1ᵉʳ octobre, l'abbé Pastoret posa la première pierre à l'angle de la croisée du côté du village, sur laquelle est gravée la date avec ses armes.

Le 14 août 1713, les deux grandes murailles, toutes en pierres de taille, ont été élevées et terminées par une belle et riche corniche qui règne du côté extérieur comme celle du sanctuaire. Elles ont 5 fenêtres de près de 30 pieds de Lorraine de hauteur du côté du village, et 3 semblables du côté des bâtiments conventuels.

Le 11 octobre suivant, le R. P. George Bertrand, prieur, mit la première cheville du marnage, qui a été couvert un mois après.

En 1714, on tailla les piliers, les arcades des voûtes et des cordons, que l'on posa ensuite, de sorte que pour rendre l'ouvrage parfait, et y compris les voûtes, les pavés, les vitres, (1) les Staux et grillages, sans y faire entrer les réparations faites au pied et au fondement de la tour, le tout a coûté aux religieux plus de 15,000 fr., non compris les 1,000 écus de M. l'abbé, ni les voitures, ni la nourriture des manouvriers et domestiques, ni les bois, planches et autres choses, ni même les 200 écus donnés aux charpentiers pour la façon du marnage de la nef, suivant marché fait avec eux en 1712.

Le premier janvier 1715, M. l'abbé fit transporter près de la muraille l'autel de Sᵗ-Nicolas, qui jusqu'alors était presque au milieu de la chapelle, parce qu'il empêchait le

---

(1) Je puis me servir ici du mot Staux, quoique condamné même alors par l'usage général, parce que je le trouve dans le manuscrit du P. Dumoulin, mais j'ai eu tort de l'employer dans l'introduction, parce que j'y parle en mon nom.

passage pour aller au grand autel. On en a dressé un acte dont la copie est renfermée dans l'autel.

L'acte est en latin et consacré au souvenir du déplacement de l'autel en 1715 ; on y trouve les noms suivants : Nicolas Verlet, général de l'ordre ; Joseph Pastoret, abbé régulier ; Charles Mengin, ancien prieur ; George Bertrand, de Metz, prieur ; Jean Babin, sous-prieur ; Valentin Gérard, de St-Dié ; Nicolas Dauviliers, procureur ; Pierre Général, de Lunéville ; Antoine Mafoy, de Bruyères, économe. Le plus digne de mémoire est le frère Simon Marchand, d'origine allemande, qui fut l'architecte habile de ces constructions.

Cette inscription remplaça une inscription latine qui se trouvait renfermée dans cet autel avant son déplacement et ainsi rédigée :

Le 29 octobre 1621, cette table a été posée en ce lieu : la menuiserie faite par maître Hurleguin, de St-Dié, la peinture par Claude Baclot, de Vitry, le tout aux frais du monastère par le R. P. Nicolas Laurent régnant abbé du dit monastère d'Autrey, P. Valentin Pierrel, du village d'Autrey, M. Jacques Thiriat, de Moyenvic, maître Adam Mathis, aussi d'Autrey, M. Jean Comte, de Fremifontaine la haute, tous prêtres et religieux profès. — Item un diacre nommé Florent Colin, un acolythe profès dit frère Louis Hermant, de Magnières, étant tous assistant à la dite besogne.

A peine ce grand et magnifique édifice fut-il achevé que l'abbé Pastoret, qui vivait au mieux avec ses religieux, comme on le voit par l'accord qui régnait entre eux pour ces travaux, se décida à son tour à renverser le vieux quartier abbatial, qui de l'angle de la nef de l'église allait presque rejoindre l'aile en retour des bâtiments conventuels ; et au lieu de le construire au-dessus de la porterie, ainsi qu'il en avait eu d'abord le projet, de l'établir au lieu où on le voit encore, en face de l'entrée dans la clôture, dégageant ainsi beaucoup mieux la belle église de l'abbaye, et se donnant à lui-même un plus beau jour et plus de commodité.

En 1715, il s'entendit facilement avec ses religieux, et par quelques accommodements et traités faits entr'eux, dérogeant en certaines parties à celui de 1709, ceux-ci se chargèrent de l'entreprise moyennant 1,600 livres tournois, que l'abbé leur donnait, et passèrent immédiatement les marchés avec des tailleurs de pierres et des charpentiers (les plans du frère Marchand devaient être suivis), de sorte que, peu de temps après, l'Abbé put y être installé.

En approuvant ce traité fort avantageux à l'Abbé, le général des chanoines réguliers, Nicolas Verlet, abbé de Chaumousey, réservait cependant que le R. P. prieur tiendrait un registre journalier des dépenses qu'il fera au sujet de ce bâtiment abbatial, afin que si la communauté se trouve notablement lésée, elle puisse recourir aux grâces de M. l'abbé pour en obtenir telle indemnité que sa justice et son équité trouvera être de raison.

Après une gestion aussi paisible avec ses religieux que troublée par les interminables procès avec l'évêque de Metz, l'abbé Pastoret songea à se choisir un digne successeur.

L'abbaye était élective jusqu'au jour où il plût au roi de France, alors notre souverain, de la changer de nature en y nommant pour chef un abbé commendataire. L'abbaye était bien ensuite rentrée dans la règle, mais nous avions changé de souverain, et le duc de Lorraine avait laissé entrevoir son désir de jouir des privilèges accordés auparavant à la France en assujettissant les religieux à lui présenter trois candidats parmi lesquels il choisirait l'abbé.

Il choisit donc Paul-François Duval, de Nancy, supérieur des chanoines réguliers de la maison de Strasbourg, et curé de la paroisse St-Louis de cette même ville, pour son coadjuteur avec l'agrément de son A. R.

Ensuite de quoi le chapitre procéda à une élection et le s^r Duval ayant eu pareillement l'agrément du chapitre, se pourvut en cour de Rome pour en obtenir des bulles, qui lui furent expédiées le 16 novembre 1720.

L'abbé Pastoret, démissionnaire, mourut peu après, le 1er avril 1721. Immédiatement, l'abbé Duval présenta sa requête à la cour souveraine à l'effet de faire fulminer ses bulles et obtenir permission de prendre possession du temporel de son abbaye, ce qui lui fut accordé. Et il en prit possession le 23 du même mois avec les solennités accoutumées.

C'est à l'abbé Duval que le P. Dumoulin, procureur de l'abbaye, dédia ses recherches sur la fondation, dotation, séparation des menses que nous venons d'analyser en retranchant quelquefois, et d'autres fois y ajoutant quelques détails pour compléter autant que possible son travail.

Ce mémoire se termine ici pour reprendre sous une autre main et continuer encore quelques années l'histoire d'Autrey.

CHAPITRE XVII

Claude-François Duval, 26e abbé. — Ferme de la Voivre réparée. Procès avec le curé de Glonville. — Procès pour carrières et toujours le procès avec Metz.

Première continuation de ce qui est arrivé de plus considérable dans l'abbaye d'Autrey depuis l'an 1721 à 1738, et par une autre main.

Après la mort de l'abbé Pastoret, le chapitre d'Autrey jugea à propos de ne se déclarer son héritier que sous bénéfice d'inventaire, que l'on fit dresser exactement, et dont on vendit tous les effets pour acquitter les dettes du défunt et surtout pour les réparations nécessaire des biens de la mense abbatiale, ce qui dura jusqu'en 1734, de sorte que le produit de cet inventaire suffit à peine pour acquitter toutes les charges, comme on peut le voir plus au long dans tous les actes dressés à cette occasion, conservés dans les archives.

D'autant plus que les parens du défunt abbé ont répété depuis, surtout Joseph Pastoret, son neveu, un contrat de 1,000 fr. qui ne s'est pas trouvé parmi les autres, dont le dit abbé s'était chargé pour l'avantage de sa famille, et dont l'inventaire dressé après sa mort ne fait aussi aucune mention. Peut-être en avait-il disposé pour le bien de sa famille comme pour la maison de St-Dié qui lui appartenait, ou autrement. Cela du reste ne regarde pas la maison d'Autrey, qui est en état de prouver qu'elle a plus perdu que gagné à la dite succession par les frais, soins et embarras qu'elle a soufferts pour terminer les affaires de cette succession et s'en débarrasser.

M. l'abbé Claude François Duval, qui depuis sa prise de possession de l'abbaye, en 1721, était encore retourné à Strasbourg en qualité de supérieur de notre maison de St Louis, en revint enfin en 1723 pour résider dans son abbaye. Vivant là en son particulier, il ne négligea rien pour en soutenir et recouvrer tous les droits et privilèges fort négligés avant lui. Il rentra surtout, par arrêt de la cour, dans un grand pré considérable, ascensé par son devancier pour 40 ans, et dans le droit de mainmorte des meubles comme des immeubles à Fremifontaine.

Mgr Dominique Passionnei, de Fossombrone, en Italie, archevêque d'Ephèse, nonce du souverain Pontife à Lucerne, voulant réformer l'abbaye de St-Maurice en Valais, et même la réunir à quelque congrégation de chanoines réguliers, ayant connu la nôtre par M. de Laigle, vicaire général de Toul, en demanda si instamment un sujet pour l'exécution de son dessein à M. Verlet, général de la congrégation, qu'il lui envoya en mars 1724 le supérieur d'Autrey, qui resta environ 15 mois au dit Sr-Maurice, où il enseigna la théologie à cinq ou six jeunes prêtres, Tandis que l'on travaillait sérieusement et de concert à la dite union, l'espérance d'une heureuse réussite fut renversée par le République, qui s'y opposa.

Ce fut en vain que le cardinal Salerne, référendaire de ces sortes d'affaires, y mit ses soins et amena Benoit XIII à donner tous les brefs nécessaires à la dite union, à laquelle M. l'abbé Charlet et la plus grande et saine partie avait formellement consenti.

Voyant que l'union parfaite ne pouvait avoir lieu, on aurait du moins souhaité d'en avoir quelqu'autre, la plus parfaite possible : il n'en résulta qu'une plus étroite amitié.

En 1726 et 1727, on rebâtit tout à neuf la moitié de notre ferme de la Voivre pour y loger assez commodément deux fermiers, et touchant à l'autre moitié par un même pignon qu'il faudrait du moins exhausser de 3 à 4 pieds au-dessus de la toiture, pour préserver plus efficacement l'une ou l'autre moitié d'être incendiée avec l'autre, en cas d'accident. Mais on a renversé mal à propos la porterie avec la chapelle qui était au-dessus, et qui marquait assez les droits de la dite ferme. On ne l'abattit, dit-on, que de crainte qu'on ne l'érigeât dans la suite en prieuré, dans la persuasion que cette chapelle en était une preuve, quoique faussement. Ainsi on pourrait rétablir la dite chapelle, surtout si l'on entourait de murailles la ferme, comme ci-devant. Et il conviendrait, lorsqu'il faudrait rebâtir l'autre moitié pour deux fermiers, de la séparer de l'autre et de la mettre vis-à-vis, afin qu'il soit plus facile de les entourer de murailles.

En 1730 et 1731, il y eut procès entre le sieur Nicolas Delamarque, prêtre curé de Glonville, et les prieur et chanoines de l'abbaye d'Autrey, au sujet de la ferme franche de la Voivre, exempte de dîmes, et pour lesquelles ils devaient payer annuellement 12 écus toulois, et au sujet de quelques menauties jointes à cette ferme que l'on ne dîmait auparavant que du 24e. Delamarque, à son entrée dans la cure, a voulu innover, et de sa propre autorité a fait enlever des gerbes sur les terres exemptes, et a tiré la dîme à la douzième sur les terres des menauties. Sur notre contestation, arrêt intervint à la cour souveraine de Lorraine, 3 février 1731 et 8 août, par lesquels arrêts les chanoines furent condamnés à payer la dîme des dites menauties au 12e, comme les autres terres de Glonville, et pour les autres terres de la dite ferme, de payer 12 écus à 7 fr. barrois l'un. Le coût de l'arrêt et les épices à la charge du dit Delamarque, pour avoir enlevé les gerbes pour sa dîme, qu'il fut condamné à rendre.

Vers le même temps, on boisa l'église et la sacristie d'Autrey; et l'on fit ensuite la chapelle du B. P. Fourier, en bois seulement, dans le dessein de la dorer quand on en aurait la commodité.

En 1732, on voulut paver la sacristie et on fit arracher des pierres par Jean Robert, carrier de Ste-Hélène, dans une nouvelle carrière qu'il avait découverte au-dessus des anciennes, du côté de Fremifontaine.

Le forestier de Mme de Beauveau de Craon, abbesse d'Epinal, gagea le dit Robert, qui fut condamné à 5 fr. d'amende et 5 fr. d'intérêt pour le sieur Voisin, d'Epinal, pour lors procureur d'office de la dame abbesse.

Les prieur et chanoines d'Autrey prirent fait et cause pour le dit Robert (M. Claude Duval, abbé, ne jugea pas à propos de se joindre à la communauté). Sentence intervint en 1733 au bailliage d'Epinal, qui maintint les chanoines réguliers dans leurs droits et possession de prendre dans les carrières des bois de Ste-Hélène ou St-Gorgon, et condamna la dite abbesse aux dépens, etc. Elle en appela à la cour souveraine de Nancy, qui confirma la sentence d'Epinal le 6 juillet 1734.

La même année, en septembre, on mit les offices de la cuisine et du réfectoire, qui étaient à l'entrée de la maison, sur le grand jardin, et à la place de ceux-ci, on fit trois chambres d'hôtes, que l'on sépara du corps régulier par une petite muraille avec une porte de clôture, ce qui fut achevé en 1735, avec la chambre du chapitre, près de la sacristie, et la boiserie de la grande bibliothèque, au 2e, sur le jardin.

On briqua aussi de suite le devant des nouvelles chambres d'hôtes, le dessous du grand escalier, les chambres du chauffoir et le petit réfectoire d'hiver, et on creusa un petit cellier pour communiquer aux deux caves.

Quelques années après, vers 1738, on démolit la flèche du petit clocher du sanctuaire, qui menaçait de chute prochaine depuis longtemps, ce qui coûta 60 et quelques livres, tant pour M. l'abbé que pour nous ; mais on ne put le rétablir d'abord, parcequ'on manquait de bois sapins nécessaires, et on se contenta de couvrir la lanterne de quelques planches.

Mais dès 1735, avait recommencé l'éternel procès avec l'évêché de Metz, qui donna lieu à une immense quantité d'écrits et à 6 ou 8 factums imprimés, les uns pour l'évêque, les autres pour Autrey.

Les gruyers de Rambervillers s'excusèrent après bien des instances et sommations réitérées, de marquer les 250 pieds d'arbres sapins pour notre scierie, sous prétexte d'impossibilité. Ils avaient même fait cesser celle de Mgr l'évêque, que nous avions permise à Blanchifontaine, pour mieux nous amuser. On se pourvut au conseil de S. A. R. par requête qui exposait que ces MM. ne tâchaient qu'à nous dépouiller d'un droit aussi ancien que notre fondation, et que quand même il n'y aurait point d'arbres à faire des planches de mesure, nous nous contenterions de 250 pieds de sapin, quels qu'ils fussent, pour les exploiter comme bon nous semblerait.

La requête fut décrétée en forme d'arrêt le 5 juin 1735, avec ordre de nous les déliver ainsi annuellement comme tous les autres bois nécessaires, à peine de tous dépens, dommages et intérêts, signé Elisabeth Charlotte.

Le 9 août, M. l'abbé ayant besoin de quelques chênes pour la réparation de sa ferme de la Souche, on les lui refusa, disant qu'il avait des bois suffisants attachés à la dite ferme, et c'est pourquoi il se pourvut en Conseil privé, qui ordonna le dit jour qu'il lui en serait incessamment délivré par les gruyers de Rambervillers, lesquels seraient privés pour cette fois de leur salaire, en compensation des dépens qu'ils avaient occasionnés au dit abbé.

L'année suivante, 1737, les gruyers ne firent plus de difficultés de marquer les 250 pieds d'arbres comme les autres bois, quoique l'impossibilité dût être plus grande encore que l'année précédente.

Comme la Lorraine fut cédée éventuellement à la France dès l'an 1736, et actuellement à Stanislas, élu roi de Pologne, beau-père de Louis XV, dont ils prirent respectivement possession au commencement de 1737, Mgr de St Simon, évêque de Metz, assez bien venu chez M. de Fleury, cardinal ministre, pour espérer venir à bout de ses fins, pendant ce nouveau gouvernement de la Lorraine, fit ordre à ses gruyers de Rambervillers de ne point accorder de bois aux usagers de la mairie, et par conséquent à l'abbaye d'Autrey avant qu'il y eut un nouveau règlement, qui était réservé par l'arrêt de 1721 du Conseil souverain, mais seulement à l'égard des autres usagers.

Ceux de Rambervillers commencèrent à se pourvoir par requête à la Cour en avril 1737, et en obtinrent d'avoir des bois, et même qu'ils leur seraient marqués par le gruyer de Bruyères, M. Doridant, ce qui s'exécuta d'abord.

Les chanoines réguliers, qui avaient attendu la fin d'avril, temps prescrit à la marque, voyant qu'on les amusait de vaines promesses jusqu'à ce que le temps de la marque fût écoulé, se pourvurent au mois de mai par requête à la Cour, comme les autres communautés de la mairie et du ban de Rambervillers, demandant l'extension du décret accordé à ceux de la Ville.

Mais comme les agents de M. de Metz n'avaient rien oublié auprès du nouveau roi Stanislas pour obtenir un sursis sur toutes les requêtes et les décrets qui pourraient s'ensuivre, jusqu'à ce qu'on eût plaidé au fond pour le règlement de la distribution des dits bois, ils en obtinrent enfin des ordres pour la cour souveraine, qui remit cette affaire au jeudi suivant, où elle fut agitée en effet contradictoirement. Chaque partie conclut à ses fins par le moyen de ses avocats, au nombre de quatre : un pour les habitants de Rambervillers, de la mairie et du ban ; celui des Favres et charrons de la mairie ; le nôtre ; celui de Metz, qui concluait toujours au règlement.

Notre avocat, le sieur Baraille, conclut au principal, à ce qu'il nous fût accordé suivant l'arrêt, et notamment les 250 arbres pour notre scierie, et incidemment, 1° à ce qu'il fût défendu aux officiers de la gruerie de couper désormais aucun bois dans ceux d'Autrey, destinés à notre usage et à celui de nos fermiers, joints à nous dans cette affaire ; 2° que Mgr de Metz eût à raser une scierie nouvellement construite, et à notre grand préjudice, sur un terrain à nous appartenant, à moins qu'on n'arrête par écrit des conditions auxquelles on avait autrefois consenti verbalement.

L'avocat général donna des conclusions assez favorables aux usagers, si ce n'est que suivant sa proposition, Mgr de Metz leur paierait en argent leur bois pour cette année parce que le temps de la coupe était écoulé, après quoi,

La Cour ayant appointé nos deux demandes incidente, et avant de faire droit au principal (pour le règlement projeté par l'arrêt de 1721), ordonna provisionnellement que l'on marquerait à tous les usagers au mois de septembre prochain, et incessamment aux chanoines réguliers d'Autrey, les 250 pieds d'arbres, ce qui fut exécuté d'abord, quoique de mauvaise grâce, les dépens réservés, mais le coût d'arrêt et les épices restèrent à la charge de Mgr l'évêque, à qui on fit signifier cet arrêt.

Septembre vénu, les gruyers reçoivent une lettre de Mgr. alors à Paris, qui leur marquait un projet de règlement pour les usagers, à qui il accorderait les 10 cordes de bois ordonnées par l'arrêt de 1721 provisionnellement, mais à condition que le dit évêque les ferait exploiter sans que ces usagers entrassent dans ses bois, sinon pour les venir chercher; on signifia le dit projet à tous les autres usagers, excepté aux chanoines de l'abbaye. qui se pourvurent à la Cour en exécution de son arrêt du 6 mai 1737. Ils présentèrent donc leur requête le 19 septembre, par M. Bayon, en l'absence de M. Baraille, leur avocat ordinaire, et elle fut décrétée le lendemain avec ordre aux gruyers de marquer les bois nécessaires dans trois jours, ou on commettrait à cet effet le gruyer de Bruyères, ce qui leur fut signifié le 21.

Mais les officiers de Mgr se donnèrent tous les mouvements imaginables pour faire évoquer toute l'affaire au Conseil royal, par ce motif principal que l'instance avait été commencée au Conseil souverain, de sorte qu'ils obtinrent un décret qui évoquait au Conseil royal toutes les contestations nées ou à naître entre l'évêque et les usagers de la mairie et du ban de Rambervilllers au sujet des bois, avec défense à la cour souveraine d'en juger : ordonne que son décret sera signifié aux religieux d'Autrey et pour y répondre dans la quinzaine, et que toutes les parties instruiront leur procédure, de façon que l'instance de 1724, reprise, puisse être jugée dans deux mois, etc. Cet arrêt du 18 septembre ne nous fut signifié que le 23, et après que nous leur eûmes fait signifier celui de la Cour le 24, dont ils ne s'inquiétèrent plus.

Nous retournâmes à Lunéville pour nous pourvoir provisionnellement au Conseil royal par requête du 25 sept.; mais comme le conseil vaquait depuis huit jours et que tous les autres conseils étaient licenciés, M. de la Galaizière, premier ministre, répondit qu'on ne pourrait rien décider avant la fin des deux mois, même pour la provision, et comme on le pressait sur ce dernier point, parce qu'on était dans l'extrême nécesssité de bois, surtout pour la réparation de notre tuilerie, dont le toit, trop bas, avait été brûlé dans une cuite précédente, il s'en excusa encore en disant qu'il ne pouvait rien faire seul.

Toutefois, M. Larcher, notre avocat au Conseil, remit la requête au greffe, qu'il inscrivit de provisoire, et promit de travailler à bien établir nos droits pour le temps prescrit par l'arrêt du 18 septembre, surtout touchant le droit de tuilerie, que le substitut de Rambervillers avait commencé de nous contester. Mais tout cela n'opéra rien jusqu'en 1738, où l'on recommença la sollicitation plusieurs fois inutilement (si ce n'est que Mgr de Metz obtint que l'affaire serait évoquée au conseil de finances, on ne sait pourquoi), quoique le procès fût distribué par toutes les parties entre les mains de M. de Gallois, conseiller d'Etat, grand maître des Eaux et Forêts, rapporteur au conseil des finances, vers le milieu de 1738. Celui-ci répondit qu'il ferait son rapport aussitôt qu'il aurait terminé quelques affaires pressantes, et qu'il en donnerait avis au prieur d'Autrey ; mais ne recevant aucune nouvelle, ce dernier se rendit à Lunéville après avoir présenté une nouvelle requête tendant à ce qu'on jugeât l'affaire au fond, ou qu'en attendant on accordât les provisions nécessaires, mais elle fut négligée comme les précédentes, quoique M. de la Galaisière eût fait espérer à M. le prieur qu'il la ferait rapporter incessamment et juger l'affaire au fond.

Mgr de Metz, revenu de son voyage à Paris vers le milieu de septembre, prit la résolution de visiter ses bois, ce qu'il exécuta le 20 octobre. Il passa vers les cinq heures du soir près de notre abbaye, venant de Baccarat, pour aller coucher chez M. Boulanger, curé de Ste-Hélène, où le prieur d'Autrey alla, avec un confrère, le lendemain matin, pour lui rendre ses devoirs au nom de M. l'Abbé et du chapitre. Il lui témoigna qu'il aurait fait honneur et plaisir à la communauté s'il eût bien voulu y accepter le souper et un lit, tels qu'on aurait pu lui présenter, le priant du moins de vouloir bien y agréer la soupe.

A quoi il répondit qu'il ne pouvait s'arrêter dans une maison qui le plaidait, répétant tous les sujets de plaintes qu'il prétendait avoir contre notre maison, ajoutant néanmoins qu'il estimait la congrégation et surtout M. notre supérieur général. Le prieur lui répondit en faisant voir qu'on n'avait jamais rien fait qu'en exécution des arrêts favorables aux évêques de Metz, dont on croyait devoir soutenir les pieuses fondtaions, etc., etc. Mgr insinua que de longtemps on n'aurait de bois, et partit avec un nombreux cortège pour aller les visiter. En repassant près de notre abbaye, on remarqua qu'il avait piqué brusquement son cheval à la vue de quelques frères qui venaient à sa rencontre. Le sous-prieur s'oublia de faire du moins sonner les cloches à son passage.

Ici se termine cette deuxième partie du manuscrit, en 1738, un peu avant la mort de l'abbé Duval. Une main nouvelle va le continuer encore quelque peu.

CHAPITRE XVIII.

Encore le procès. — Derniers abbés.

Depuis 1738, on a discontinué ces mémoires jusqu'en septembre 1748. Néanmoins il s'est passé plusieurs choses remarquables que le nouveau prieur n'a pas détaillées, parce qu'il ne s'est trouvé à la maison personne qui ait pu l'en instruire.

On sait seulement que le procès contre Mgr de Metz est resté en même état jusqu'en 1741 où il obtint un arrêt, par lequel il est ordonné qu'avant de faire droit, il sera, par le sieur Lesseux, procédé à la visite et reconnaissance des bois, pour y apposer le quart en réserve, et dresser cartes topographiques, après en avoir fait l'arpentage. De plus, ledit de Lesseux est nommé commissaire pour recevoir les dires, réquisitions et représentations de titres des parties ; Et du tout il sera dressé procès-verbal, qui sera rapporté au Conseil.

Le Commissaire fit l'arpentage de tous les bois de l'évêché et des communautés en 1742; il en a dressé une carte, contre laquelle l'abbaye a le droit de s'inscrire en faux, parce que ni la forêt d'Autrey n'y est jamais nommée par son nom, ni désignée par aucune de ses limites. En outre, on aborna les bois de l'évêché. Il est aisé de voir que dans les commencements de ce procès, Mgr de Metz a toujours fait ce qu'il a voulu par son crédit, sa puissance et ses intrigues, et plus encore par l'indolence de ses parties adverses.

M. de Lesseux ayant ainsi exécuté la 1re partie de sa commission, au bout de quatre ans se mit seulement à exécuter la 2e, parce que personne ne le pressait ; l'évêque n'était pas intéressé à ce qu'on avançat, puisqu'il jouissait de tout pendant que les usagers en étaient privés, sans songer du reste à sortir de leur assoupissement.

Enfin, en 1746, M. de Lesseux se transporta à Rambervillers le 22 août pour ouïr les dires et représentations. L'abbaye étant assignée comparut par M. l'abbé et le procureur de la maison, qui formèrent les demandes de l'abbaye contre Mgr l'évêque. Dans leur dire, il y a un consentement donné à l'érection de la scie de Blanchifontaine, contre laquelle l'abbaye a tant de fois protesté, parce qu'elle fait la ruine de celle de Chilimont.

Mais l'aveu qu'ils ont fait malheureusement dans cette comparution est un titre solide quoiqu'unique, qu'ait eu Mgr de Metz pour la conservation de cette scie. Et sans cela, la scie de Blanchifontaine eût été supprimée. Le chapitre n'a pu désavouer ses représentants ; il n'y a que le Général qui le puisse.

M. Beauquel, procureur général de l'Evêché répondit à ces demandes et les détruisit par des raisonnements aussi spéciaux que captieux, et conclut à faire débouter l'abbaye de toutes ses demandes, quoique, par ignorance de ses droits, elle en eût omis plusieurs, entre autres le bois nécessaire à la consommation de la tuilerie.

La réponse du sieur Beauquel resta plus de deux ans sans réplique, parce que l'abbaye ne tenait aucun compte de ce procès, qu'elle n'avait pas même la susdite réponse, et qu'aucun de la maison, ni même leur avocat, ne savait en 1748 ni cette réponse, ni où en était le procès.

L'abbaye avec les autres usagers demandait une décision sans savoir si la demande était prudente et où elle aboutirait. Cependant les droits de l'abbaye furent défendus avant la décision, ce qui a fait qu'elle n'a pas été si maltraitée que les autres usagers.

Enfin pour résumer la question de ce procès interminable, l'abbaye prétendait que son fondateur lui avait donné tout le territoire d'Autrey, et par conséquent les bois qui en font partie, et de plus un droit d'usages hors de ce territoire, et elle prouvait qu'elle avait joui de ce double droit de propriété et d'usages pendant 600 ans, c'est-à-dire depuis 1145 à 1721. Elle prouvait qu'elle avait été injustement dépouillée de cette propriété des bois par l'arrêt de 1721.

Ce procès relatif aux droits d'usages dans les bois de l'évêché et à ce que les religieux croyaient leur appartenir, reposait de part et d'autre sur l'interprétation de la bulle de Lucius III en 1182, admise par les deux parties, comme l'expression exacte du titre primordial de fondation de l'abbaye, disparu depuis bien des siècles.

Dans ce long procès, il y eut quantité de requêtes, de mémoires, de factums des deux côtés: des arrêts en 1721, en 1750, 1754, 1769, 1770, et à la cour de Lorraine, et au Conseil de France, relatifs aux droits d'usage et à leur règlementation et à la propriété même de ces forêts usagères. Il ne se termina que par une transaction définitive avec M. de la Galaizière, abbé commendataire d'Autrey en 1782.

L'abbé Duval mourut vers 1740. — Sur les derniers abbés, je n'ai rien trouvé que le nom.

Benoit Huraulx, 27e abbé régulier d'Autrey, lui succéda. En 1743, on le voit louer la Souche pour 36 paires, mesure de Nancy, les trois premières années, 38 pour les trois suivantes, et 45 pour les trois dernières. Il mourut le 17 avril 1748.

Il fut inhumé devant les autels de St Hubert et du Bienheureux P. Fourier.

Le mois suivant, l'Econome vint mettre au sequestre les revenus de la mense abbatiale.

Les officiers de Rambervillers étaient venus, immédiatement après sa mort, mettre les scellés sur les archives qu'ils ne levèrent que neuf mois plus tard, aux frais des chanoines réguliers.

Le roi Stanislas nomma à l'abbaye 28e abbé et 2e abbé commendataire, le comte de Lésignac, chevalier non profès de Malte, qui reçut ses bulles avec quelque difficulté, et prit possession au mois de juin 1749.

Mais bientôt il donna sa démission, en 1751, se maria et alla habiter Paris.

Après lui, 1751-1769, nous trouvons le nom de Pierre-Antoine Rome, docteur en Sorbonne, chanoine de Lisle, nommé par le roi Stanislas.

Enfin celui qui fut le dernier abbé commendataire d'Autrey est M. de la Galaizière, qui bientôt fut nommé évêque de Saint-Dié, en 1775.

A la nomination de l'abbé de Lésignac finit la partie

historique du manuscrit de trois mains successives. — Ce qui suit formait la continuation et comme une deuxième partie du mémoire copié jusqu'ici et de la même écriture et composition que sa première partie par P. Dumoulin, sous l'abbé Duval.

Elle débute ainsi : Après le récit de tous ces changements, de quelques évènements qui sont survenus dans cette abbaye, de cette succession de MM. les abbés, autant qu'on a pu le conjecturer par les pièces citées, des confirmations faites des droits et privilèges de l'abbaye, des donations et gratifications qui ont été en sa faveur et enfin de sa première fondation, on a cru qu'il était à propos de faire une espèce de pied-terrier des biens et héritages que les religieux possèdent en vertu de la séparation des menses et autres titres, tant sur le finage et fond d'Autrey que dans les autres endroits où ils ont aussi des biens, soit d'ancien fond, soit de nouvelle acquisition. — Voyez ce pied-terrier à l'appendice 11, ainsi que l'état général de la mense canoniale d'Autrey pour l'an 1789, et l'état de la mense abbatiale pour l'an 1748.

CHAPITRE XIX

Admission des novices et profession

Le séminaire des novices ayant été transféré de Pont-à-Mousson à Autrey en 1776, il me semble convenable de donner ici quelques-unes des conditions requises pour l'admission ou le refus des candidats. Il suffira de citer quelques extraits du livre ; *De examine novitiorum ad habitum et professionem ab anno 1715 et deinceps*, qui se trouve aux archives d'Epinal.

— En 1776, la maison d'Autrey devint une espèce de séminaire pour les chanoines réguliers de la congrégation de Notre Sauveur, tandis qu'il appartenait auparavant à la maison de Pont-à-Mousson.

Le nombre des novices était environ de 10 à 12 par an. Le noviciat durait deux ans : à la fin de la 1re année, le jeune novice prenait l'habit, c'était le jour de la vêture ou probation ; à la fin de la 2e année, avait lieu la réception, après un dernier examen, à la suite duquel le chapitre allait aux voix par scrutin secret au moyen de fèves blanches et noires au nombre de neuf.

Les conditions pour l'admission ou le refus des candidats se trouvent détaillées dans le manuscrit cité plus haut (aux archives d'Epinal).

Etaient considérés comme obstacles à l'entrée dans la congrégation :

Etre ou avoir été hérétique, ou issu au 1er degré de parents hérétiques ; avoir un esprit troublé, possédé du démon, ou tourmenté par quelque sortilège ; être ou avoir été atteint du mal caduc, de la goutte des pieds ou des mains, d'écrouelles, de calcul vésical, quoique l'on soit exempt de ces affections pendant la postulation ; avoir mené une vie scandaleuse ; être né hors du mariage ou de parents notés d'infamie pour crime de sortilège ou avec raison soupçonnés de quelque maladie fâcheuse, susceptible de se transmettre héréditairement jusqu'au 4e ; être porteur de quelque difformité corporelle ou quelque infirmité cachée etc. ; être *monoculus*, quoique la chose ne soit pas visible extérieurement ; être issu de parents besoigneux ou ayant des comptes à rendre.

N'est point admissible celui qui est déjà entré dans un autre ordre et en a porté l'habit, excepté celui de Carthusien, capucin, carme déchaussé, pourvu que le candidat présente des lettres attestant qu'il n'est sorti de l'ordre que par cause de l'excessive sévérité de sa règle.

D'autres empêchements dérivent des tourments et scrupules trop fréquents et incurables; de la mélancolie ; de la propension à la colère, à l'orgueil, violence, l'opiniâtreté, à la morosité ; un esprit porté aux disputes, instable et changeant; les dispositions au vol ; enfin une intelligence assez obtuse pour rendre tout à fait inepte et impropre aux fonctions de l'ordre, et à rendre aucun service dans la congrégation.

Les aspirants seront examinés avant la prise d'habit — 2 mois avant la profession, — enfin la veille de celle-ci : leurs réponses seront signées.

Il sera signifié aux novices, avant leur profession, que la congrégation n'a pu les admettre dans le cas où ils auraient célé quelque maladie dangereuse du nombre de celles signalées précédemment, si quelque fraude à cet égard venait à être découverte.

Le prieur convoquera le chapitre local de la juridiction pour délibérer sans passion mais uniquement selon Dieu sur les admisssions : les suffrages recueillis secrètement, le résultat en sera envoyé au prieur, afin qu'avec les assistants, il accepte ou refuse la profession.

L'inscription de la profession sera signée et conservée dans les archives et inscrite au livre des professions. — Il sera déclaré que le postulant est resté dans le monastère, vêtu de l'habit régulier, pendant une année d'épreuve entière et continue, qu'il y a pris l'habit et fait profession de son plein gré, sans aucune influence étrangère. — Dans cet acte, le nouveau profès attestera qu'il a été instruit et souventes fois interrogé par le supérieur, par son maître et par les autres religieux capitulaires du lieu où il a fait profession. Dans la série des novices on en voit de 16 à 20 ans.

Dans une messe solennelle, le novice faisait profession des trois vœux de religion dans la congrégation des chanoines réguliers de N. S. dans l'église abbatiale de *Sainte Marie d'Autrey*, après avoir, comme il a été dit, porté pendant un an entier l'habit de la congrégation, et avoir été exactement instruit pendant ce temps à la pratique des devoirs de l'ordre, de ses règlements et subi les examens prescrits par les statuts.

Cette réception se faisait au nom et par la commission du R. P. général de la congrégation, qui à la fin du XVIIIe, était M. de Saintignon, abbé de Domèvre (1).

(1) Si quelqu'un désire plus de détails sur les professions, il trouvera à Epinal dans un 1er carton : 1 volume portant à la page verso de la couverture ce titre : *Liber de examine novitiorum ad habitum et professionem ab anno* 1715 *et deinceps.* — Ce volume contient d'abord : *statuta canonicorum regularium congregationis Salvatoris nostri spectantia novitios ad habitum et professionem admittendos.* — Puis, tous les examens des novices admis à la prise d'habit et à la profession dans la congrégation de N. S. du 30 Oct. 1745 au 4 Nov. 1780 — 2me un cahier contenant 30 feuilles marquées du timbre de Lorraine et Bar, portant sur la couverture ce titre : *Chanoines réguliers d'Autrey ; Prises d'habit et professions, du* 1er *Oct.* 1773 *au* 5 *Nov.* 1780. — 3me un cahier avec ce titre : *Chanoines*

CHAPITRE XX

État de la mense conventuelle en 1698 et en 1789

Le lecteur courageux qui m'a suivi jusqu'ici serait peut-être désireux de connaître la situation matérielle, l'état des dépenses et recettes de l'année.

Aux archives d'Epinal, on trouve 13 cahiers de comptes réguliers d'Autrey, Registres des vêtures et professions du 30 Sep. 1780 au 11 Oct. 1785.— 4me une serie de feuilles in folio reliées par une ficelle, avec ce titre : *Chanoines réguliers d'Autrey — Act. de profession depuis 1776 à 1786.*

(2) Je ne trouve par d'autre place que celle-ci pour la note suivante sur les ordres religieux.

Les ordres religieux peuvent se diviser en 4 grandes catégories : 1° Les moines proprement dits, qui comprennent les ordres de St Benoit et de St Basile avec toutes les branches, Cluny, les Camaldules, les Chartreux, les Cisterciens, les Célestins, Fontevrault, Grandmont, et, tous antérieurs au XIIIe siècle. — 2° les Chanoines réguliers, qui suivaient la règle de St Augustin, auxquels se rattachèrent deux ordres illustres, de Premontrés et de la Merci, — 3° les frères ou religieux mendiants, comprenant les Dominicains et les Franciscains (avec leur subdivision en Conventuels, Observantins, Récollets, Capucins, etc.,) les Carmes, les Augustins, les Servites, les Minimes, en général tous les ordres créés du XIIIe au XIVe siècle. — 4° Enfin les Clercs réguliers, forme affectée exclusivement aux ordres créés au XVIe, et depuis, tels que les Jésuites, les Théatins, les Barnabites, etc., etc.

Les Lazaristes, Oratoriens, Eudistes, etc. ne sont comme les Sulpiciens, que des prêtres séculiers réunis en Congrégation.

(3) En 1708, il y avait en Lorraine :

33 Prieurés, 6 commanderies, 143 hermitages, 15 chapitres d'hommes, 4 de dames, 66 abbayes ou couvents d'hommes, 49 de filles.

annuels, de 1666 à 1699, de la mense conventuelle de l'abbaye d'Autrey.

Je donnerai la fin du compte du 1er septembre 1698 au 1er septembre 1699.

Cejourd'hui, 15 septembre 1699, nous, Achille-François Massu, général des chanoines réguliers de la congrégation de Notre Sauveur, faisant notre visite annuelle dans notre abbaye d'Autrey, accompagné du R. P. Verlet, procureur général de la dite congrégation, le présent état de recette ordinaire de la manse conventuelle nous ayant été présenté, nous en avons fait le calcul, et la recette en argent s'est trouvée monter à la somme de 3,002 fr. 2 gros.

En froment, à la quantité de 54 resaux. — En avoine, à 136 resaux. — En seigle à 22 resaux. — En sarrazin, à 6 resaux. — En navette, à 4 resaux. — En pois, à 4 fouraux. — En vin, à 3 mesures. — En cire à 30 livres. — En chapons à 28 et une poule.

Arrêté audit Autrey, les jours et an avant dits.

A.-F. Massu,   N. Verlet, procur. général.
général de la congrégation.   Mangin, prieur-comptable.

En ce moment, voici les noms des religieux de la communauté :

Le P. Charles Mangin,   Le M. Etienne Olry,
Le P. Dominique Mougin,   Le M. Nic. Grandmaire,
Le P. Nic. Antoine,   Le M. Charles Lancelot,
Le M. Eloy Chevalier,   Le F. Antoine Mafoy,
Le M. Dominique Bexon,   Le frère Ch. Husson.

J'ai entre les mains le compte général de la mense canoniale d'Autrey pour l'année 1788-1789. Il occupe 14 pages in-folio.

J'en donne seulement la récapitulation et l'examen fait par le R. P. général :

Chapitre 1. — La dépense de bouche est de 2,746ˡ 18ˢ 9ᵈ
— 2. — Celle du vestiaire et entretien 5,109ˡ 11ˢ 3ᵈ
— 3. — Celle des dons gratuits, etc., de. 13,180ᶠ 6ˢ 3ᵈ
— 4. — Celle des réparations, de 1,799ˡ 10ˢ 9ᵈ
— 5. — Celle du labourage, de . 2,001ˡ 13ˢ 6ᵈ
— 6. — Celle de la culture de nos vignes 2,584ˡ 12ˢ 1ᵈ
— 7. — Celle des vignes des ci-devant Jésuites. . . 742ˡ 15ˢ 11ᵈ

28,165ˡ 7ˢ 5ᵈ
La recette était de. 31,776ˡ 2ˢ 1ᵈ

Le finito est de . . . 3,610ˡ 14ˢ 8ᵈ

Cejourd'hui, 18 août de l'an 1789, nous, Joseph de Saintignon, supérieur de la congrégation de N. S. abbé de Domèvre, accompagné du R. P. Fischer, chanoine régulier, faisant la visite annuelle et régulière de notre maison d'Autrey, avons examiné le présent état de recettes et dépenses, qui commence au 1ᵉʳ juillet de l'an 1788 et finit à pareil jour de la présente année.

Et nous avons trouvé que la recette ordinaire et extraordinaire en argent, le finito précédent y compris, se montait à la somme de 31,776ˡ 2ˢ 1ᵈ. La dépense à la somme de 28,165ˡ 7ˢ 5ᵈ, par conséquent la recette excède la dépense de 3,610ˡ 14ˢ 8 deniers, argent sonnant.

Outre ce finito, il reste à percevoir sur les rentes 535¹ sur les cens, 50¹ 2ˢ 9ᵈ ; sur les canons, 11,846¹ 8ˢ ; sur les promesses, 671¹ 8ˢ 6ᵈ ; sur les dettes véreuses, 97¹ 17ˢ ; sur d'autres dettes actives, 1,866¹, lesquels objets réunis forment un total de 15,060¹ 4ˢ 6 deniers.

La récolte en vin, le finito y compris, de 1927 mesures. La dépense de 445 mesures, le finito de 1482 mesures.

La recette en eau-de-vie est de 13 mesures, la dépense de 7, il en reste donc 6 mesures.

La recette en bled est de 367 resaux 3 fouraux, la dépense de 277 resaux 5 fouraux, le finito est de 89 resaux 4 fouraux.

La recette en seigle et conseigle est de 38 resaux 3 fouraux, la dépense est égale.

La recette en avoine est de 292 resaux, la dépense de 235, le finito est de 57.

La reecette en orge est de 7 resaux, la dépense égale.

La recette en sarrazin est de 2 resaux.

Celle en navette de 6 resaux 4 fouraux. — Celle en pois est de 6 resaux. — Celle en lentilles de 1 resal. Celle en chenevis de 2 resaux. — Celle en lineuse de 1 resal. — La recette en pommes de terre est de 100 resaux.

De tous ces objets, la dépense égale la recette.

Fait et arrêté à Autrey, les jours et an susdits et avons signé.

Joseph de Saintignon, général et abbé de Domèvre,
Fischer, chan. rég.,   Desrochers, premier assistant,
Lapie, sous-prieur,   prieur,
                    Gerbaut, comptable.

La comparaison des deux états de la mense à la fin du XVIIᵉ et du XVIIIᵉ, montre assez qu'en 1699, l'abbaye se relevait à peine des ruines accumulées de 1635 à 1656, et de 1675, et qu'elle n'était pas rentrée dans tous ses droits.

En 1789, la prospérité matérielle s'est développée grâce à la plus-value des propriétés par une culture plus intelligente et par suite l'augmentation des fermages.

Cette prospérité devait exciter inévitablement la cupidité et l'envie.

---

(1) Le resal = 4 bichets. — Le bichet = 2 imaux. — L'imal, 12 pintes, et le pot = 2 pintes. Le foural, usité en certaines régions, équivalait à peu près à l'imal, le 1/8 du resal, ou plutôt le 1/6.

— Les mesures agraires étaient le journal, la fauchée, l'ouvrée, l'omée, et l'arpent. Le journal et la fauchée, à peu près de 360 perches de 8 pieds, 20 ares 44. — L'ouvrée était le 1/8 du journal, 45 perches. L'omée était le 1/10, 36 perches. L'arpent des eaux et forêts était de 100 perches carrées de 22 pieds.

L'unité de poids était la livre divisée en 2 marcs, le marc en 8 onces, l'once en 8 gros, le gros en 3 deniers, et le denier en 24 grains.

Pour l'unité de monnaie, la livre tournois composée de 20 sols, et le sol de 12 deniers. Mais il y avait peu de fixité dans les mesures monétaires.

La livre tournois a tiré son nom de la ville de Tours, où elle fut fabriquée sous le règne de Charles VII, — appelée livre parce que les 20 pièces de cuivre qui formaient sa valeur pesaient ensemble 16 onces ou une livre poids. — Le franc 1 = 2 gros, le gros = 4 blancs, le blanc = 4 deniers, le denier 2 oboles.

Pour les mesures du sel, le muid = 16 vaxels ou vassels, le vaxel = 16 pots, le pot environ 2 livres, donc le muid = 512 livres.

La livre de forts, probablement, dit D. Calmet, celle de France ou de Parisis, était plus forte d'un 1/4 qu'à Tours.

CHAPITRE XXI.

La mense abbatiale réunie à l'évêché de Saint-Dié Dernières réflexions. — Triste dénouement.

Que devint la mense abbatiale ?

Dès 1598, Charles III avait formé le projet de créer un Evêché à Nancy. Le cardinal d'Ossat, instruit de ses démarches, en informa le roi de France, qui s'y opposa, ainsi que l'archevêque de Trèves et le chapitre de Toul.

En 1611, le duc Henri avait aussi fait son possible pour faire ériger un évêché dans ses états ; Marguerite de Gonzague, son épouse, avait même sollicité cette affaire avec tant de prudence que Marie de Médicis, alors régente de France, et le chancelier Brulart, y avaient donné la main ; mais le conseil de la Régence y mit opposition et rendit inutiles tous les mouvements que s'était donnés la duchesse.

Charles IV renouvela encore ces tentatives et ne put réussir. Louis XV reprit ce projet en 1774, non plus pour l'institution d'un seul Evêché, mais de deux, l'un à Nancy, l'autre à St-Dié. Il en avait même désigné les futurs Evêques. M. de Sabran pour Nancy, et pour Saint-Dié Barthélemy-Louis-Martin Chaumont de la Galaizière, docteur en théologie de la Faculté de Paris, prévôt de l'église de St-Dié, abbé commendataire de Saint-Mihiel et d'Autrey.

Louis XVI, en 1775, confirma cette nomination.

Le 16 août 1776, Mgr de Sabran, désigné Evêque de

Nancy, et M. de la Galaizière, transigèrent avec l'Evêque de Toul, dont étaient distraits les deux évêchés nouvellement créés. Pie VI, en 1777, donna les bulles d'érection. Mgr de la Galaizière fut sacré le 21 septembre 1777. Il mourut en 1808.

Le curé Maudru remplaça M. Chaumont comme Evêque constitutionnel de St-Dié. En 1801, l'évêché fut supprimé et incorporé au diocèse de Nancy, puis rétabli en 1817.

L'abbaye d'Autrey devint dépendance du diocèse de St-Dié, et les revenus de la mense abbatiale, avec ceux de plusieurs autres abbayes, furent affectés à cet Evêché, et firent partie de sa dotation.

A partir de 1775, il n'y eut plus d'abbé à Autrey, qui ne fut plus qu'un prieuré où fut transféré, comme il a été dit, le séminaire des novices de Pont-à-Mousson, jusqu'à la Révolution, qui détruisit tout.

Il paraît aussi qu'Autrey, du moins dans les derniers temps, devint un lieu de pénitence pour les religieux de cet ordre qui avaient commis quelque faute considérable.

Il en avait été de même pour Rengeval, abbaye de Prémontrés.

Est-il besoin d'ajouter en terminant que les religieux, dans les derniers jours de leur existence, avaient dégénéré de la ferveur et de la piété qu'avait ranimées la réforme du B. P. Fourier, au XVIIe siècle.

Le souffle d'en haut, l'esprit religieux s'était amorti. La régularité de la vie commune s'était peut-être assez maintenue, mais on n'observait plus dans leur austérité les lois du renoncement et de la discipline.

Les temps étaient changés : un souffle d'émancipation, venu du dehors, et qui circulait partout, s'était fait sentir jusque dans l'intérieur des cloîtres, et avait amené peu à peu le relâchement et l'affaiblissement trop sensibles de l'esprit de prière, d'humilité, d'abnégation, de dévouement et de travail qui avaient trouvé si longtemps un asile dans le recueillement et la paix du cloître.

A ce relâchement, il y eut peut-être une autre cause dont on ne parle guère. Les Jésuites avaient été chassés de l'enseignement, et pour remplir les vides, il fallut recruter un nouveau personnel dans d'autres ordres religieux. Et cela, si je ne me trompe, amena un courant d'autres idées, d'autres aspirations, et des tendances qui pouvaient ne plus s'accorder aussi bien avec la sévérité de la règle religieuse.

Quoiqu'il en soit, quand on reproche aux religieux d'avoir dégénéré de leur ferveur et austérité primitive, d'être devenus inutiles et de ne plus ressembler aux 1ers fondateurs, il est bon de se rappeler que la plupart des chrétiens modernes ne ressemblent guère aux chrétiens de la primitive église, et répéter ces paroles de Voltaire : La vie séculière a toujours été plus vicieuse que celle des prêtres et des religieux. — Mais les désordres de ceux-ci ont été toujours plus remarqués par leur contraste avec la règle austère. On ne leur pardonne rien, parce qu'on en attendait tout et qu'on les mesure d'après l'idéal plus parfait auquel ils aspirent. Voilà pourquoi ils sont jugés sans miséricorde ; et leurs peccadilles mêmes seraient des forfaits, tandis que parmi les gens du monde les crimes ne sont que des peccadilles.

Et si on ne veut pas oublier leur décadence, comment oublier qu'ils avaient passé en faisant le bien, que leur carrière s'était écoulée à peupler les déserts, à défricher les terres incultes, à féconder les stériles, à protéger le pauvre et enrichir les populations voisines ? Il ne faut pas apprécier les travaux agricoles d'après la situation des propriétés monastiques au moment de leur confiscation, mais se souvenir qu'ils s'étaient établis dans des lieux abandonnés, sans culture, dans des terrains siliceux ou argilo-siliceux sans valeur, sauf le massif forestier ; et que maintes fois les guerres y apportèrent la dévastation, surtout en 1635, où il fallut recommencer les travaux avec une ardeur persévérante, reconstruire les maisons détruites, labourer les champs en friches, replanter, et rendre de nouveau à la terre la vie et la fécondité.

Et s'ils sont arrivés à une certaine prospérité, elle ne nuisait à personne : ce n'était qu'aux dépens des forêts, des déserts et marais, qu'ils ont fertilisés par eux-mêmes ou sous leur direction. Et à mesure que les propriétés monastiques, pour Autrey comme pour tant d'autres abbayes, augmentaient d'étendue et de valeur, les paysans d'alentour voyaient de plus en plus s'accroître leur petite fortune, et finirent même par être substitués, pour ainsi dire, aux Religieux dans une portion de leurs domaines.

N'espérant pas à une jouissance immédiate, n'ayant pas de famille à enrichir, ils pouvaient facilement offrir, à leurs tenanciers et fermiers, des bénéfices qui les encourageaient au travail, en laissant à leurs âmes d'utiles loisirs. Aussi sur leurs terres, on a pu remarquer le bas prix des fermages, qui appelait et maintenait autour d'eux une population aisée et prospère. Ils avaient été pour eux les fondateurs, les précurseurs du progrès, du bien être, par la supériorité relative de leur culture et de leur administration et des produits de leur domaine, bien au-dessus de la propriété laïque ; et par la facilité et la permanence des conditions qu'ils offraient aux ouvriers du sol, pour lesquels ils étaient des capitalistes intelligents et généreux, et des prêteurs indulgents.

Est-il besoin de rappeler encore que, malgré le triste relâchement introduit chez eux, jusqu'au dernier jour de leur existence, ils sont restés fidèles à la pratique la plus chère, à la loi constante de toute communauté régulière, à la charité ! une hospitalité généreuse toujours offerte à ceux qui se présentaient ; qu'au jour de détresse, au sein des grandes calamités, la charité de l'Abbaye ouvrait un asile aux indigents. Dans les famines et les épidémies, c'était à leur porte que couraient les affligés, sûr, d'y trouver un abri, des consolations et des secours pour l'âme et pour le corps.

Bref, leur porte était toujours ouverte au pauvre, à l'exilé, aux âmes fatiguées.

Et ces biens qu'ils possédaient, assez peu étendus du reste, comme nous l'avons vu, et qu'ils faisaient valoir pour le bien général, leur étaient venus par les droits les plus légitimes. Ils étaient l'offrande des fidèles, le patrimoine des pauvres et la rançon des âmes.

Rien de plus touchant dans les donations faites à l'Abbaye, que de voir les motifs si chrétiens et si élevés qui animaient les donateurs : le salut de leur âme, le soulagement des pauvres, l'amour de Dieu et des hommes. Les préambules d'une foule d'actes annoncent qu'on veut satisfaire à ces motifs les plus nobles de la vie. Et qu'il me soit permis d'indiquer quelques uns de ces motifs particuliers des libéralités, tels qu'ils sont exprimés dans les diplômes du temps, ou qu'ils résultent des circonstances et des dispositions qui accompagnent ces actes. — 1° Le sentiment intime de l'instabilité, de la caducité de toute chose humaine et surtout des richesses matérielles. — 2° L'humble reconnaissance envers le Dieu dont on tenait tout et à qui l'on croyait restituer une partie de ses faveurs en améliorant le sort de ses ministres. 3° Le désir et l'espoir d'expier les fautes d'une vie agitée, de racheter les chutes de la fragilité humaine, ou de restituer un bien mal acquis, qui devait être consacré au service de Dieu. 4° L'espoir de se créer, en l'absence d'héritiers naturels une sorte de postérité spirituelle astreinte à prier toujours pour l'âme de ses bienfaiteurs : quelquefois le soin de créer pour soi et les siens, une sépulture protégée par des lieux saints et de pieux religieux ; Et la certitude de disposer de ses terres au profit d'hommes charitables laborieux et utiles. (1) Voilà quelques un des motifs qui portaient des propriétaires à faire des donations au profit des monastères.

Ils peuvent se résumer dans ce beau texte : *Conclude*

---

(1) C'est ce que nous voyons entre autres en 1688, dans une donation à Housseras faite par Lambert Thierry et Florette Tardu, qui n'ayant que des parents éloignés, pour s'assurer de leur sépulture et des prières nécessaires pour le repos de leurs âmes, donnent en revenus de la mense conventuelle des Religieux d'Autrey, tous leurs biens, à charge dès leur décès, de faire sonner les cloches de l'Abbaye comme ils ont coutume pour un de leurs chanoines, de plus, faire faire à l'église de Housseras, leurs services de chacun 10 messes hautes avec les vigiles; Et à perpétuité dans leur église d'Autrey, chaque an 3 services de chacun 3 messes hautes, pour le repos de leurs âmes et de leurs parents, et pour au surplus participer aux prières qui se font tous les jours par lesdits chanoines.

eleemosynam in corde pauperis, et ipsa exorabit pronobis.

Mais tout cela ne peut compter devant la haine la cupidité et l'envie qui se dérobent sous des noms creux et sonores, et qui veulent à tout prix confisquer et détruire. Que leur importent les labeurs entassés, les services rendus, les bienfaits prodigués à tant de générations par les ancêtres spirituels du plus obscur monastère !

Tout est oublié. Et pour la sottise et la cupidité envieuse, il n'y a ni justice, ni pitié, ni souvenir, ni reconnaissance, ni respect du passé, ni souci de l'avenir.

EPILOGUE

— Le 8 janvier 1791, six chanoines réguliers de l'abbaye d'Autrey se présentent devant les officiers municipaux de Rambervillers pour prêter le serment civique de maintenir la Constitution décrétée par l'Assemblée nationale et acceptée par le roi :

1º Sébastien Lapie, ci-devant sous-prieur d'Autrey ; 2º Jacques-Antoine Mathieu ; 3º Christophe Husson ; 4º Charles Louis ; 5º Joseph Thevenot ; 6º Jean-Baptiste Monceaux.

Claude Desrochers, prieur et premier assistant de la congrégation, avait déjà abandonné l'abbaye, ainsi que Gerbaut de Charmes, qui se retira à Damas, où il se maria.

Desrochers était venu, dès 1790, résider à Rambervillers avec Françoise Thiriet, de Fremifontaine, âgée de 16 ans (1).

(1) Voir la note à la page suivante.

Comme contraste à ce lâche abandon, il est consolant de voir ce que firent en pareille situation les capucins de Rambervillers, au nombre de 9, et les dames religieuses du Saint Sacrement, au nombre de 24, qui déclarèrent aimer mieux mourir que de quitter la vie commune à laquelle elles s'étaient engagées par leurs vœux. (Voir plus loin au supplément).

CHAPITRE XXII

Recollement, inventaire. — Estimation des biens. Soumission de Joseph Colombier. — Vente. — Résurrection

Après ce douloureux spectacle de l'apostasie des derniers religieux d'Autrey, il nous reste à présenter, le plus brièvement possible, celui non moins pénible de la confiscation, de la vente et de la dispersion des biens de l'abbaye.

Le 15 décembre 1790, Tisserand et Collin, administrateurs du district de Rambervillers, se rendent à l'abbaye et annoncent leur commission pour l'aliénation des biens nationaux et des affaires ecclésiastiques, d'après le décret de l'Assemblée nationale, à J. Claude des Rochers, prieur de la maison, qui déclare se soumettre respectueusement et consentir à ce qu'elle soit exécutée, et affirme qu'elle

---

(1) Après la mort du citoyen Desrochers, en l'an IV, elle épousa un Guidot, puis un Esselin, dont un fils est allé s'établir au Brésil, où il se maria et mourut vers 1872. — Une fille de lui épousa M. Geoffroi, brasseur, dont le fils unique fut père de Mme Lardier.

n'est plus habitée actuellement que par 7 religieux; et en présence des dits religieux, ils procèdent au recollement sur l'inventaire commencé par la municipalité de Rambervillers.

La bibliothèque, mise sous scellé, et tous les objets indiqués dans le procès-verbal, sont laissés à la garde des religieux, qui promettent de les représenter quand ils en seront requis.

Le Directoire du département, sur le procès-verbal et vu les circonstances urgentes à faire procéder incessamment à la vente au plus haut metteur et enchérisseur des meubles, effets, bestiaux, charrues, chariots, harnais, fourrages, denrées, etc., qui se trouvent à la maison abbatiale, écuries, basse-cour, autorise le Directoire de Rambervillers à ce faire et à accorder les termes de crédit qu'il croira convenables.

Epinal, 30 décembre. Poullain-Grandpré.

Le sieur Joseph Colombier ayant pris connaissance de l'estimation faite par Colin, Brocart et George, experts, persiste dans l'intention d'acquérir les biens désignés dans la demande faite par lui précédemment : tous les biens généralement que cultivaient par eux-mêmes les religieux de l'abbaye, consistant environ en 203 jours de terres labourables, 150 fauchées de prés, les jardins potagers, vergers et clos, ensemble tous les bâtimens de l'abbaye, l'église, etc. Il veut établir deux manufactures essentielles au besoin de l'Etat, l'une en une fabrique de fil de fer, l'autre de faulx à faucher; et pour cela il est besoin de construire un canal suffisant aux deux manufactures qu'il s'engage à établir avant trois ans, et ce canal doit prendre naissance à 300 perches de 22 pieds au-dessus de l'abbaye, en traversant les prairies sur 20 pieds de large, et aboutir sur le haut du potager de l'abbaye. Il se soumet à payer le terrain qu'il emploiera à la construction du canal au prix de l'estimation actuelle, à proportion de la valeur des terrains, etc., etc. Pour le tout, il porte sa mise à 52,000^l, ce qui excède l'estimation des terres, prés, clos et jardins, de la somme de 16,844^l 6 sols, déduction faite des impositions à proportion. Et pour le moulin d'Autrey, essentiel aux fabriques, et le logement du meunier, il se soumet à payer 3,100 livres, ce qui fait revenir sa soumission à 55,100^l pour tous les objets y compris. Et il promet de tout acquitter en douze annuités, suivant les décrets de l'Assemblée.

Rambervillers, 4 mai 1794.

Le Directoire du district de Rambervillers admet qu'il y a lieu d'admettre la soumission de Joseph Colombier pour la maison et l'église, et d'ouvrir le canal proposé en dédommageant les propriétaires à dire d'experts.

Et le 9 mai 1794, le Directoire du département fait procéder par experts à une nouvelle estimation des bâtiments, église et jardins dans leur état actuel et à raison de la vente qui pourrait en être faite séparément des prés et terres qui y étaient attachés, et qu'il sera sursis à la vente des objets soumissionnés par Colombier. En conséquence, on nomma experts Jean-Dominique George et Nicolas Melin, pour procéder à une nouvelle estimation comme il suit :

1° La valeur foncière de l'église, distraction faite des vitraux coloriés, stalles, autels, etc., à . . . . 5,150^l
2° La maison canoniale à 10,000

3° Le grand jardin. 3,000
4° Le petit jardin 291
5° Le verger 1,997
6° Le clos 451
7° Les granges et écuries. 1,000
8° Maison abbatiale 4,030
7° Enfin le moulin avec dépendances et tuilerie. 3,100

Tableau des différences dans l'estimation des biens d'Autrey, soumissionnés par plusieurs particuliers sur différents objets :

	1re Estimation		2e Estimation
Maison abbatiale	5,110	—	4,030[1]
Granges, écuries	1,333	—	1,000
Eglise	10,000	—	5,150
Maison canoniale	20,000	—	10,000
Moulin	3,100	—	3,100
Le grand jardin	5,087 10	—	3,000
Le petit jardin	291 10	—	291
Le verger	1,997 12	—	1,997
Clos	451	—	451
Terres et prés	6,459 4	—	6,459 4
Prés	5,445	—	5,445
Prés	864 12	—	864 12
Prés	2,910 12	—	2,910 12
Prés	1,877 14	—	1,877 14
Terres labourab.	9,801	—	9,801

La 2e estimation présente sur les bâtiments un déficit de 16,263 livres, et sur les jardins et clos 2,088l 12s.

Enfin le 15 mai 1791, le Directoire du département admet la soumission de Joseph Colombier et qu'il y aura deux enchères. La première pour la vente des terres et prés qui étaient exploités par les ci-devant religieux sur l'estimation qui a été faite à 27,358¹ 2 sols, en suite de la soumission qui sera faite par Joseph Colombier, d'en faire l'acquisition pour cette somme. Et la deuxième enchère sera ouverte pour la vente des églises et bâtiments, clos, jardins et moulins dont l'estimation a été faite à 29,020¹ 2 sols, et arrête que les soumissions seront faites par devant le Directoire du district de Rambervillers et précéderont les enchères. — Et si l'adjudicataire des églises, maisons, bâtiments, jardins, etc., a besoin, pour l'établissement de ses manufactures, d'ouvrir un canal dans les prés et terres venant des religieux, dont la vente serait faite à d'autres, il le pourra à charge de l'ouvrir au plus tard dans trois ans, et payera le terrain occupé par le dit canal aux propriétaires au prix de l'acquisition qui en aura été faite par eux.

Epinal, 14 mars 1791.

Poullain GRANDPRÉ.

Après bien des formalités pour commettre et consacrer l'œuvre de spoliation, on procède enfin à la vente des biens appartenant à l'abbaye. (1)

Vente des biens de l'abbaye d'Autrey

8 janvier 1791. — Vente de 149 fauchées de prés, dits vieux prés, finage d'Autrey, au nom de la nation et sous

---

(1) C'est à la bienveillance de l'excellent R. P. Adnot, clerc régulier de la Congrégation de N.-S, que je dois ces détails sur l'estimation et la vente des biens et bâtiments d'Autrey.

sa garantie, dépendants ci-devant de l'abbaye, et 60 jours labourables, et de 20 fauchées de prés, finage Ste-Hélène, dépendants ci-devant du chapitre d'Epinal. Le tout vendu au sieur Joseph Colombier pour la somme de . 16,850^l

— 24 février. — Vente de la ferme de Vuillaume Fontaine, proche d'Autrey, qui consiste en deux corps de logis, aisances et dépendances, environ 152 jours de terres labourables à l'entour de la dite ferme, y compris les chenevières, meix et jardin, ainsi que l'hermitage avec son jardin, ensemble 23 jours de terres en haut de la Croisette, 30 fauchées de prés au grand Pré et 50 fauchées au pré Chipot, dépendant de l'abbaye d'Autrey. Vendu le tout à Nic.-Léopold Valence, laboureur, demeurant à la dite ferme, pour . . . . 27,552^l

12 mars 1791. Vente de la ferme dite de Chilimont, laquelle consiste en une maison de ferme avec jardin de 2 omées, 30 jours de terres labourables, y compris 4 jours de nulle valeur, 16 fauchées de prés d'une sorte et 19 de l'autre, dépendant ci-devant de l'abbaye, adjugée au sieur Nicolas Lalevée, laboureur au Chilimont, pour la somme de . . . . 7,000^l

— 12 mars. — Vente de la ferme de Blanchifontaine, consistant en une maison de ferme avec 5 omées de jardin, 46 jours de terres, 15 fauchées de prés d'une sorte et 21 d'autre, finage d'Autrey, dépendant de l'abbaye, vendue au sieur Jean-Claude Georgel, au nom du sieur J.-Claude Georgel, curé à Maurage, district de Gondrecourt, acceptant par le sieur Nicolas-Amant Marchal, son beau-frère, maire à St-Benoit, pour la somme de . 9,100

— Le 11 mai, vente de 18 jours de terres labourables,

20 fauchées de prés d'une sorte et 50 d'une autre, dépendants ci-devant de l'abbaye, vendu le tout à Joseph Colombier, propriétaire de forges à Mortagne, pour la somme de.. 6350

— Le 11 mai 1791, vente d'une ferme consistant en une maison de fermier, 2 omées de jardin, 56 jours de terres labourables et 47 fauchées de prés, finage d'Autrey, dépendant ci-devant de l'abbaye. Adjugée au sieur Adam, de Rambervillers, pour la somme de. . . . 9,850

— Le 11 mai, vente d'une ferme consistant en une maison, 2 omées de jardin, 63 jours de terre et 41 fauchées, finage d'Autrey, dépendant de l'abbaye, adjugée au sieur Pierre George, laboureur de Fremifontaine, pour la somme de. 11,700

— Le 11 mai, vente d'une ferme consistant en une maison de fermier, 5 omées de jardin, 92 jours de terres et 65 fauchées 8 omées de prés, finage d'Autrey, adjugée au sieur Joseph Colombier, de Mortagne, pour la somme de 16,000

— Le 25 mai, vente d'une ferme tenue par N. Boulay, consistant en une maison, 3 omées de jardin et verger, 63 jours de terres, 39 fauchées de prés, finage d'Autrey. Adjugée au sieur Jacques Georges Marchal, laboureur à Biffontaine, pour la somme de. 10,050

— Le 25 mai, vente de la maison tenue par le maréchal-ferrant, 3 omées de jardin, 6 jours 6 omées de terres labourables et 8 fauchées de prés, finage d'Autrey ; adjugée à Dominique Tisserant, maréchal-ferrant à Rambervillers, pour la somme de 2325

— Le 25 mai, une ferme tenue par Jean Valence, consistant en une maison de ferme, 3 omées de jardin

60 jours de terres, 42 fauchées de prés, finage d'Autrey, dépendance de l'abbaye, vendue à Charles Henri Boileau, négociant à Rambervillers, et à François Mersey, homme de loi, associés, pour la somme de 12,000

— Le 8 juin 1791, vente d'une ferme tenue par Nicolas Baudré, consistant en une maison de ferme, 2 jours de jardin, 82 jours de terres labourables, 49 fauchées de prés, finage d'Autrey, adjugée à Joseph Colombier, pour la somme de 15,400

— Le 8 juin, vente de environ 203 jours de terres labourables et environ 150 fauchées de prés, qu'exploitaient par eux-mêmes les chanoines réguliers d'Autrey, adjugés à Joseph Colombier, pour la somme de 41,000

— Le 8 juin, vente d'une église pour ce qui concerne le vaisseau seulement, distraction faite des vitraux coloriés, stalles, autels et tableaux ; en outre la maison canoniale avec les clos et jardins y attenant, granges et écuries, la maison abbatiale comme le tout se contient, adjugés à Joseph Colombier pour la somme de 30,600

— Le 18 janvier 1792, vente d'une ferme composée d'une maison de fermier, 38 jours de terres labourables, 38 fauchées, 2 omées de jardin. Adjugés à André Balland, de Bruyères, pour la somme de 8.900

— 18 janvier. Logement du tuilier, 2 omées de jardin et 3 jours de terres, adjugés au sieur Gérard, juge au tribunal de Rambervillers ; et au même, vente d'une tuilerie, y compris 4 jours de terres, finage d'Autrey, pour 1,700

— 18 janvier, vente d'une ferme dite St-Florent, maison, 83 jours de terres, 55 fauchées, 3 omées de jardin, finage d'Autrey. Adjugée à Ch. André Balland, homme de loi à Bruyères, pour. 18,300

— 18 janvier, vente au même de la chapelle St-Florent pour la somme de 155

— Le 18 janvier 1792, vente de 23 jours 4 omées de terres au canton de la Goulotte, finage d'Autrey, à Joseph Valence aîné, de Mortagne, pour 2000

— 18 janvier, 10 jours 5 omées au même canton, adjugés au sieur Joseph Colombier, pour . . . 805

— 18 janvier, 14 jours même canton à Nicolas Houel de Housseras pour 1,220

— 18 janvier. 18 jours de terres adjugés à Ch. André Balland, de Bruyères, pour 1,020

— 31 août 1791. Vente d'une ferme consistant en une maison, 5 omées de jardin, 92 jours de terres, 44 fauchées, finage d'Autrey, à M. Clausse, de Bruyères, laboureur, pour 16,000

— 31 août. Vente d'une ferme dite la Marquairie consistant en une maison, 5 omées de jardin, 26 jours 5 omées et 18 fauchées de prés à Joseph Doridant, d'Autrey, pour la somme de 6,650

L'œuvre d'iniquité est consommée. Rien n'a échappé à la spoliation.

L'Eglise dépouillée de tous ses ornements, indignement profanée, est restée de longues années dans le délabrement le plus lamentable. Une tréfilerie fut installée dans l'antique sanctuaire ; et au lieu de retentir nuit et jour des louanges de Dieu et des accents de la prière, comme dans les jours écoulés, les voûtes profanées ne répétaient trop souvent que des blasphèmes et d'indignes railleries.

Mais des jours meilleurs vont se lever pour la vieille abbaye et la faire sortir de ses ruines et de ses tristesses. Mgr Caverot, évêque de St-Dié, l'a arrachée aux mains cupides de l'industrie et a racheté, au nom du diocèse, et l'église et les bâtiments désolés.

Dieu soit loué ! elle est rendue à sa pieuse destination, et elle est devenue le petit séminaire que tous connaissent. Et le premier supérieur, le bon, le vénérable M. Morquin, a rétabli avec une convenance parfaite et l'église et les bâtiments conventuels et abbatiaux en 1860.

Ce fut une véritable résurrection pour notre antique abbaye.

Quant aux chanoines réguliers dispersés par la Révolution, ils viennent aussi de renaître (1855) sous le nom de clercs réguliers de la congrégation de Notre-Sauveur, uniquement désireux de marcher avec piété et dévouement sur les traces du bienheureux P. Fourier dans la pratique de la règle de Saint Augustin, et du Summarium des constitutions qu'il a donné lui-même à ses disciples dès l'année 1623.

Explication de quelques vieux mots plus ou moins hors d'usage et qui se trouvent en maints endroits dans ces mémoires.

Assises, assemblées juridiques tenues par les seigneurs ou leurs officiers dans leurs terres, 2 ou 3 fois l'an, pour rendre la justice. Et ces jours-là, on livrait les redevances et les rentes seigneuriales, comme aux plaids annaux, placita, qui sont à peu près la même chose.

Atrium, cimetière, ou parvis de l'église, autrefois aussi une enceinte assez vaste et comprenant des terres labourables, qui alors payaient un cens annuel comme les maisons qui y étaient bâties. Ainsi à Badménil-aux-Bois, les maisons construites dans l'atrium de l'église devaient payer un cens à l'abbaye de Chaumousey, et il ne s'agissait évidemment pas ici du cimetière du village.

Beuvrot ou bouvrot, boveria, bovarium, ferme, métairie, bergerie, etc. C'est généralement le fond qui appartient à la cure, indépendamment de la dîme et du casuel.

Corvée, corvata, on la connaît; mais elle signifiait aussi une terre cultivée par des paysans, gratis.

Champart ou terrage, campipars, droit du seigneur se levant comme la dîme, de 10 ou 12 gerbes l'an.

Gerbage, droit à un certain nombre de gerbes, mais différent de la dîme et sans préjudice de celle-ci, espèce de tribut que l'église ou autre seigneurie tirait d'un fond à elle appartenant, c'était une espèce de fermage en nature.

Outre la dîme, il y avait encore la none, appelée quelquefois gerbage, le 1/9 du produit des terres appartenant au seigneur temporel de la terre.

Il y avait encore la redimatio, la rédîme, le seigneur prenant la 9e gerbe et le prêtre la 10e.

Carrage, carruage, carrugium, terres que le laboureur doit cultiver par lui ou par les siens.

Bois de marnage ou maronage, bois de charpente, d'un vieux mot, marimum, usuarium, usuaria ad marimandum.

Meix, clos ou enclos près d'une maison.

Meix ou mex, avait une autre signification : terme de coutumes. C'est le ténement et héritage mainmortable de personnes de serve condition. Un terrain se divisait aussi en meix ou mas, et ces mas en journaux, jugera. Ce mot vient de massa, en basse latinité, signifiant fonds, héritage. On a dit aussi mansus, mansa et mansum, petite métairie pour loger un paysan, à laquelle étaient annexés 12 arpents de terre. On a dit aussi massum, masuda et masium.

Menauties, menauthies ou menandies, petits fermiers ou vignerons.

Mesnil, vieux mot signifiant maison de campagne et quelquefois village, de manile, de maneo. — Mantionile ou masnile, ou masnilium.

Et mesnie ou mesgnie, famille, maison, tous ceux qui la composent domûs familia, et dans la basse latinité, maisnada, mesnada, masnada.

Le manse, petit coin de terre suffisant pour faire vivre un laboureur et sa famille, avec une cella au milieu. Ces manses rustiques se sont groupés autour de la partie du domaine reservée au seigneur, mansus indominicatus, pour concourir à son exploitation, et dès le XIe siècle, ont été presque tous cultivés et habités par des hommes libres, mansus ingenuiles, quelquefois par des serfs, mansus serviles, ou par des hôtes, hospitia.

Les *hôtes* étaient des fermiers cultivant un petit domaine, un petit tènement moyennant redevance. Le seigneur ne pouvait rien leur demander de plus, sauf la garde de sa personne dans l'intérieur du fief quelques corvées ou la taille, mais ils n'étaient pas taillables à merci.

Pasnagium, panage, droit de glandage.

Sartagia, droit sur les terres nouvellement défrichées et anciennement cultivées. Praragia, droit sur les terrains en prés. Novales, terres nouvellement défrichées et mises en valeur.

FIN

APPENDICE I

Bulle du pape Lucius III en 1182.

Lucius Episcopus servus servorum Dei, dilectis filiis Miloni abbati Ecclesiæ sancte Mariæ Alteriacencis cœterisque fratribus tam prœsentibus quam futuris omnibusque aliis apostolicam benedictionem in perpetuum religiosam vitam eligentibus apostolicum convenit adesse Prœsidium, ne fortè cujustibet temeritatis incursus aut eos a proposito revocet, aut robur (quod absit) sacræ religionis confringat.

Quapropter, dilecti in Domino filii, vestris justis postulationibus clementer annuentes et prœfatam Ecclesiam sanctæ Mariæ Alteriacencis in quâ divino mancipati estis obsequio sub beati Petri et nostrâ protectione suscipimus, et prœsentis scripti privilegio communimus, imprimis siquidem statuentes, ut ordo canonicus, qui secundum Deum et beati Augustini regulam, in eâdem Ecclesiâ institutus esse dignoscitur perpetuus ibidem temporibus inviolabiliter observetur. Præterea quascumque possessiones, quæcumque bona eadem Ecclesia *imprœsentiarum* (in præsentim) justè et canonice possidet, aut in futurum concessione Pontificum, largitione Regum vel Principum, oblatione fidelium seu aliis justis modis, prœstante Domino, poterit adipisci, firma vobis, vestrisque successoribus, et illibata permaneant, in quibus hœc propriis duximus exprimenda vocabulis.

Locum scilicet qui nuncupatur *Alteriacum*, in quo Ecclesia præfata fundata est cum decimis et omnibus *appenditiis* suis, in terris cultis et incultis, pratis, aquis, sylvis, per terminos designatos scilicet per duos (1) Chillimontes, per montem (2) Alteriaci, per Chelmini guttam (3) usque Mortesme, et ex aliâ parte per vadum Sapinei usque Mossur (4); et cunctas terras de Nunfaï, (5) censum minime solventes.

Cum pasturis *totius banni* Rambertivillæ. Locum de Guanderbersoch (6) cum decimis et pasturis totius banni de Nozoncourt (Nossoncourt) perpetuo jure tenendas, sub tali conditione quod prædicta Ecclesia duodecim nummos metensis monetæ capitulo sancti Stephani singulis annis, in synodo post festivitatem omnium Sanctorum persolvet.

Ita tamen quod se aliqua in finibus Alteriaci ad ædificationem Ecclesiæ Dei sint in usibus utilia, nullo prohibente sive contradicente sumantur. — Theodorico de Danubrio ejusdem loci advocato et cœteris ministerialibus (7), annuentibus et laudantibus, dimidium molendini de Anglemont, sub censu unius nummi a Stephano quondam Metensi Episcopo vobis concessum. (8)

Allodium quod Theodoricus advocatus de Rambertivillæ habebat apud vicum (9)

Terram apud Nozoncourt quam Vindericus, miles de

---

(1) Les 2 Chillimont.
(2) Le mont d'Autrey. Le haut d'Autrey, où le couvent d'Etival a construit Monrepos.
(3) La goutte de Chilimont jusque la Mortagne.
(4) Le void de Sapiné, Mossoux.
(5) La Faigne.
(6) Ou Vandelbersoch, pour Van dés bés soch en patois. Vallée des belles souches, depuis la Souche.
(7) Donation de Théodoric, voué de Deneuvre.
(8) 1/2 du moulin d'Anglemont.
(9) Donation de Théodoric, voué de Rambervillers.

Spinis, consensu Vinderici filii sui, vobis dedit, cum decem jornalibus terræ, pro quibus et pro reliqua terra sex nummos singulis annis villico ejus in festo sancti Remigii persolvistis. (1)

Decimas propriis laboribus vestris quos fratres vestri in horreo in prœtaxata terra sito colligunt. (2)

Piscariam aquœ quœ Mortasme dicitur inter Mossur et Baldincham quam Theodoricus quondam metensis electus, quiete et absque omnium circummanentium inquietatione possidendam vobis dedit, ea libertate quod nullus infra has metas contra vestram voluntatem piscari præsumat. Ita tamen quod prœdictus electus castores et bannum illius loci in manu sua retineat. (3)

Sedem molendini in banno de Nossoncourt a prædicto Electo, cum conductu aquæ per pratum suum quantum molendino necessarium fuerit vobis concessam. (4)

Tres sessas quas apud vicum liberas ab omni redditu et exactione possidetis. (5)

Pasturas in banno de Volmecourt, quas Theodoricus ejusdem villæ advocatus, sub censu unius nummi Tullensis monetæ vobis concessit ; ita quod in festivitate beati

---

(1) Donation de Vinderic écuyer d'Epinal et de son fils près de Nossoncourt.

(2) Les dîmes de cette terre cultivée par les frères.

(3) Donation de Théodoric évêque de Metz. La pêche de la Mortagne de Mossoux à Baldonchamp, gué sur la Mortagne, à la limite septentrionale du finage d'Autrey. Excepté les loutres et le ban.

(4) La place d'un moulin au ban de Nossoncourt.

(5) Trois censes franches ou plutôt 3 places à faire du sel près de Vic.

Martini sive infra octavas, Villico de Volmecourt annuatim persolvistis. (1)

Decimas laborum vestrorum quas Guarinus sacerdos Rambertivillæ, et Albricus nepos ejus, sub censu septem nummorum singulis annis in Kalendis octobris persolvendorum vobis concessit. (2)

Decimas laborum vestrorum quas Cono, presbyter Dillonis villæ, assensu Petri, Leucorum Episcopi, tam in segetibus quam in pratis et nutrimentis in perpetuum vobis concessit, sub censu duodecim nummorum Tullensis monetæ, Kalendis octobris persolvendorum. (3)

Et quidquid Wilhelmus, miles Rambertivillæ, in decimis Ecclesiæ vestræ et grangiarum vestrarum se fatebatur habere. (4)

Et quidquid fratres vestri ab atrio de Johanmesni et de Thiarmenni et supra elaboraverint uxore sua laudante, cum liberis suis, et Raynaldo clerico fratre suo, assensu Petri, Leucorum Episcopi, in perpetuum sub censu sex nummorum in festo sancti Remigii persolvendorum vobis concessit. (5)

Terras et decimas ad Ecclesiam Dillonsvillæ pertinentes quas Hermannus, quondam Mediani cœnobii abbas, assensu capituli sui, tali conditione vobis concessit, ut in festo depositionis sancti Hydulphi pro decimis uniuscujusque

(1) Donation de Théodoric, voué de Vomécourt.
(2) Donation de Guarin, curé de Rambervillers, et d'Albéric son neveu.
(3) Les dîmes de vos travaux à Autrey. Donation de Conon, curé de Glonville.
(4) Donation de Guillaume, écuyer de Rambervillers.
(5) Les dîmes qu'il pouvait posséder sur les travaux de Jeanméni et Thiarménil, exécutés par les religieux.

carrutæ singulis annis duos solidos Tullensis monetæ Ecclesiæ suæ persolvitis. (1)

Decimam quam habetis a Gerardo abbate, cœnobii Senoniensis, assensu capituli sui, a villa de Berrüe et supra et a villa de Thiarmenil et supra, tam in nutrimentis quam in agricultura sub censu duorum solidorum, in nativitate Baptistæ Johannis super altare sancti Stephani, (2) in cellâ Danubrii persolvendorum. (3)

Fundum, qui in communitatibus duarum parochiarum Distorchii scilicet et sanctæ Helenæ, includitur, quem Gualterus quondam decanus sancti Deodati, assensu capituli sui, sub censu decem et octo nummorum Tullensis monetæ annuatim in festo sancti Deodati persolvendorum vobis concessit. (4)

Et quidquid Albertus miles de Froville habebat in pasturis nemorum sancti Stephani et in toto banno Rambertivillæ, et partem nemorum banni Danubrii prœfixis terminis suis ab aquâ quæ Mortesme dicitur usque ad alteram quæ dicitur Murz (Murt, Meurthe). (5)

Libertates prœterea quas bonæ memoriæ Stephanus quondam metensis Episcopus et Theodoricus ejusdem Ecclesiæ quondam electus, domui vestræ in pratis, campis,

---

(1) Donation de Herman, abbé de Moyenmoutier, les terres et dîmes de Glonville.

(2) Le prieuré de St-Etienne près Deneuvre, ou le Moniet.

(3) Donation de Gérard, abbé de Senones. La dîme de Bru et Thiarménil.

(4) Donation de Gualter ou Gauthier, doyen de St-Dié. La terre de Destord et Ste-Hélène.

(5) Donation d'Albert de Froville.

sylvis, pasturis in eleemosynam concesserunt vobis, nihilominus confirmamus. (1)

Sanè novalium vestrorum quæ propriis manibus aut sumptibus colitis, sive de nutrimentis animalium vestrorum nullus a vobis decimas exigere prœsumat. (2)

Liceat quoque vobis clericos vel laïcos e sæculo fugientes liberos et absolutos ad Ecclesiam vestram recipere et eos absque contradictione aliqua recipere. (3)

Prohibemus insuper ut nulli fratrum vestrorum post factam in eodem loco professionem, fas sit absque Abbatis sui licentia, de eodem loco, nisi arctioris religionis obtentu discedere. Discedentem vero, absque communium fratrum cautione, nullus audeat retinere. (4)

Cum autem generale interdictum terræ fuerit, liceat vobis, clausis januis, exclusis excommunicatis et interdictis, non pulsatis campanis, suppressa voce divina officia celebrare. (5)

Inhibemus insuper ne Ecclesias aut terras, seu quodlibet beneficium Ecclesiæ vestræ collatum, liceat alicui dari personaliter, sive alio titulo alienari sine consensu totius capituli aut majoris et sanioris partis ejusdem. Si quæ vero donationes vel alienationes aliter quam dictum est factæ fuerint, eas irritas esse censemus. Ad hæc adjicimus, ne aliqui canonici seu conversi sub professione domus vestræ adstricti, sine consensu et licentia abbatis vel

---

(1) Donations antérieures des évêques de Metz.
(2) Adjonction des dîmes des Novales.
(3) Pouvoir de recevoir des laïques.
(4) Défense de sortir du couvent après profession.
(5) Autorisation de célébrer l'office en temps d'Interdit.

majoris et sanioris partis capituli vestri pro aliqua fide jubeant, vel ab aliquo pecuniam mutuo accipiant ultra pretium capituli sui providentia constitutum, nisi propter manifestam domus vestræ utilitatem ; quod si facere præsumpserint, non teneatur conventus sine cujus licentia et consensu hoc egerant, pro his aliquatenus respondere.

Præterea, licitum vobis sit in causis vestris fratres vestros idoneos ad testificandum adducere, atque ipsorum testimonio si rectum fuerit, et propulsare violentiam et justiciam vindicare. Pro Chrismate vero, oleo sancto, consecrationibus Ecclesiarum, ordinationibus clericorum, qui ad sacros fuerint ordines promovendi, sive abbate deducendo ad sedem, sive ponendo, vel quibuslibet aliis Ecclesiasticis sacramentis, nullus a vobis aut sub obtentu consuetudinis, aut quolibet alio modo, quidquam audeat postulare. Si quis autem contra hæc venire præsumpserit, portionem cum Giezi se noverit habiturum, cujus factum exactione turpis muneris imitatur.

Sepulturam præterea ipsius loci liberam esse decernimus ut eorum devotioni et extremæ voluntati, qui se illic sepeliri deliberaverint, nisi fortè excommunicati vel interdicti sint, nullus obsistat, salva tamen justicia illarum Ecclesiarum a quibus mortuorum corpora assumuntur.

Paci quoque et tranquillitati vestræ paterna sollicitudine providere volentes, auctoritate apostolica prohibemus ne infra clausuras locorum seu grangiarum vestrarum nullus violentiam vel rapinam, furtum committere, ignem apponere, seu minime capere, truncare vel morti dare præsumat. Decernimus ergo, ut nulli omnino hominum fas sit præfatam Ecclesiam temerè perturbare, aut ejus possessiones auferre vel ablatas retinere, minuere seu quibuslibet vexationibus fatigare : sed omnia integre conserventur eorum pro quorum gubernatione ac sustentatione concessa sunt usibus omnimodis profutura, salva sedis apostolicæ auctoritate, et diocesani Episcopi canonica justicia.

Si qua igitur in futurum ecclesiastica sœcularisve persona hanc nostræ constitutionis paginam sciens, contra eam temere venire tentaverit, secundo tertiove commonita, nisi reatum suum dignâ satisfactione correxerit, potestatis honorisque sui dignitate careat reamque se divino judicio existere de perpetrata iniquitate cognoscat, et a sanctissimo corpore et sanguine Dei Crucifixi Redemptoris nostri J. C. aliena fiat atque in extremo examine divinæ ultioni subjaceat. Cunctis autem eidem loco sua jura servantibus sit pax Domini nostri Jesus Christi quatenus et hic fructum bonæ actionis accipiant et apud districtum judicem prœmia æternæ lucis inveniant. — Amen.

Datum Velletri per manum Alberti, sanctæ Romanæ Ecclesiæ cardinalis et cancellarii, XIIII Kal. Julii, indictione XV Incarnationis dominicæ anno MCLXXXII Pontificatus vero domini Lucii papæ, anno primo.

Cette Bulle fut produite dans le procès de l'Abbaye contre l'abbesse d'Épinal, au sujet du droit de pêche dans la Mortagne, et surtout dans l'éternel procès avec Metz pour les bois. Elle remplaça le titre primitif perdu de temps immémorial. On a aussi les confirmations et concessions du duc Simon et des évêques de Metz, de Théodoric, évêque de Metz, 1176, et de Bertrand en 1186, de Bouchard en 1274, de Gérard en 1299, Adhémar en 1347, Nicolas 1545, Henri de Lorraine 1487, Jean cardin. de 1526.

APPENDICE II

Constitution du duc Simon, 1182.

Quoniam hominum institutiones quæ in tempore factæ sunt cum tempore transeunt, ipsi autem mortales brevi annorum dilabuntur curriculo, Patres antiqui deliberatione consideratâ sanxerunt, ut ea quæ Ecclesiæ Regum largitione, Principum liberalitate sibi rationabiliter vindicant, ne incursu malignantium turbarentur, ad notitiam posterorum paginæ inserere.

Qua propter Ego Simon Lotharingiæ Dux et Marchio generationi postmodum futuræ notifico quod Procerum meorum fretus consilio, uxore mea Ida suadente, tum animæ meæ et predecessorum meorum remedio, quia non habemus hic manentem civitatem, tum emolumento speciali, quia filii Adam ex more commoda sua semper quærere tenentur.

Dedi Ecclesiæ Sanctæ Mariæ Alteriacensis et fratribus ibidem Deo militantibus, pasturas totius vallis de Camp, sicut ejusdem loci bannus et potestas et honos et dominium Castelli de Bruyeres (1) sese habet, et pasturas totius

---

(1) Au XIIe siècle, Bruyères n'était qu'un hameau dépendant de l'église de Champ. Les premiers ducs de Lorraine en étaient seulement les voués comme des autres biens de l'abbaye de Remiremont. En 1274, le duc de Lorraine engagea à l'abbaye tous les droits qu'il avait à Bruyères, à Arches et dans la prévoté des Vosges, hors ce qui était proprement de son domaine, pour 400 fr. C'était un dédommagement pour les pertes que son armée lui avait fait éprouver lors du siège d'Epinal.

banni de Grantiviller, armentis suis cunctis et pecoribus et pasturas banni Fontinety et Dedallœ quod ad me pertinet laudavi ad possidendum pacifice jure perpetuo.

Et pro certo teneant qui scriptum hoc legerint me pepigisse bona fide, et promississe quod si quis advocatus (1) aut possessor in banno de Grantiviller et vallis de Camp, hisquæ supra dicta sunt obviare tentaverit, abbatissa Romarici montis excepta, querelam sine dilatione et gravamine Ecclesiæ Alteriaci decidam et quiete teneri faciam.

Addidi etiam pietatis intuitu tali sine conditione quod si prædicti fratres Alteriaci per terram meam cum curribus suis, armentis vel pecoribus transierint, securitatem et pacem, et si alicui in eundo aut redeundo, vel in prædictis pasturis et bannis jacturam (quod absit) intulerint, capitali restituto sine juris obstaculo sibi existent.

Ut hæc autem omnia tuta et inconvulsa permaneant sigilli mei munimine roboravi ; hujus rei testes sunt, Theodoricus præpositus sancti Deodati, grand prevôt — Dominus Carlo, decanus ejusdem Ecclesiæ; Constantinus et Simon fratres ejus, Dominus Albertus de Froville, Simon et Oduinus, Girardus miles de Tandum.

Cono, cancellarius d'Arches, anno ab Incarnat. Dom. 1182, Epacta IIII, etc.

---

(1) On sait que la plupart des monastères avaient un voué ou défenseur. Mais l'abbaye d'Autrey ne paraît pas avoir eu de voué, établi par son fondateur, Etienne de Bar. L'expérience avait dû le convaincre que son œuvre n'en serait pas mieux traitée et défendue. Dans ces temps on pouvait dire trop souvent : qui nous gardera contre les gardes ! Car c'était un mal presque général pour les monastères de voir les excès commis par les voués ou avoués sur les maisons religieuses qu'ils devaient protéger.

APPENDICE III

Etat des biens et revenus de la mense abbatiale de l'abbaye d'Autrey, des chanoines réguliers de St-Augustin, qui seront à laisser à bail.

1° Le moulin d'Autrey est laissé actuellement à François Aubertin pour 9 années, de la St-George 1745, pour le canon annuel de 550 fr., payable par 1/2, à la St-George et à la St-Martin. . . . . 550^f

2° La ferme laissée à Fr. Marchal laboureur, par bail sous seing privé du 21 avril 1746, pour 6 ou 7 ans à son choix depuis la St-George, pour le canon de 150 fr. payable par 1/2 à St-George et St-Martin 150

3° La ferme, laissée à Dominique Thiéry, 21 avril 1746, pour 6 ou 9 ans, pour le canon annuel de 250 fr. pour les 3 premières années et de 300 pour le reste du bail. 250

4° La ferme laissée à Nicolas Simonelle, 21 avril 1746, pour 3 ans pour le canon de 220

5° La ferme laissée à Claude Mougeolle pour 3 ans, depuis la St-George 1746, pour le canon de 165 fr. payables par 1/2 comme les précédents 165

6° La ferme laissée à Nicolas Richard, du 3 décembre 1739, pour 9 ans, pour canon de 134 fr. . . . 134

7° Il doit en outre donner 8 livres de chanvre, un foural de navette, un chariot de foin, et faire 5 voitures de bois dans la cour de l'Abbatial.

8° La ferme laissée à Joseph Reboucher par bail verbal pour une année, 1747, et continué pour le canon de 100^l

9° La ferme laissée à feu Nicolas Wichard, et continuée à sa veuve pour 3 ans, pour le canon de. . . . 230[l]

10° La ferme laissée à Jean Brice, 3 juillet 1747, pour le canon annuel de 54 fr. M. l'Abbé doit lui fournir une voiture de foin.

11° Le moulin de Bru, amodié à Paradis par bail du 14 mai 1736 pour 9 ans, pour le canon de 400 fr. barrois. Ce bail est fini et se continue par tacite consentement. Il doit encore un porc gras de 120 livres pesant . . . . . . 400[l]

12° La ferme de la Souche, laissée à Nicol. Anthoine laboureur, pour 9 ans, de St-George 1744, pour le canon de 36 paires pour les 3 premières années, 38 pour les 3 suivantes et 45 pour les dernières.   38 paires

Les prés

Une pièce de 25 fauchées, 8 omées, laissée à Nicolas Marchal, pour 6 ou 9 ans à sa volonté, pour le canon annuel de . . . . 75[l]

Une pièce de 16 fauchées, pour 6 ans, pour canon de 165[l].

Une pièce dans le vieux pré, pour 6 ou 9 ans, d'environ 30 fauchées, pour le canon de . . . . . . 90[l]

Une pièce de 55 fauchées, au ban d'Autrey, pour 9 ans, pour le canon de 55 livres . . . . 55[l]

Une pièce dans le ban de Ste-Hélène, pour 6 ans, pour le canon annuel de . . . . 90[l]

Une autre pièce, dit le Vieux Pré, laissé à Jean Thiriet, laboureur à Fremifontaine, pour 9 ans, pour le canon de 30[l].

Une autre pièce de 25 fauchées, pour 9 ans, pour le canon de 24 liv. pour les 5 premières années et de 72 pour es suivantes . . . . 24[l]

Une pièce d'environ 25 fauchées à Joseph Michel de Mortagne, pour . . . . 62ˡ 10 sols

Vignes

La pièce de vigne située sur le ban de Vallois, contenant environ 5/4 en l'état qu'elle est.

Les cens en graines, seigle et avoine et quelques corvées dans le lieu de Fremifontaine.

La dîme du lieu des 7 fontaines.

Le cens dû à Vomécourt qui est de. 6ˡ

Tous les droits honorifiques, les bois où ils puissent être situés, la scierie, la tuilerie et leurs dépendances étant et demeurant expressément réservées à M. l'Abbé, de même que la maison abbatiale, le verger et potager, et tout ce qui n'est pas détaillé dans la présente feuille, de tout quoi le séquestre se réserve de disposer par lui ou par M. l'Abbé, comme il sera trouvé à propos.

A Autrey, ce 17 novembre 1748.

En 1684, le premier abbé commendataire, Midot, avait loué tous les biens, rentes, revenus de la mense abbatiale, (excepté les jardins abbatiaux, le colombier de la moitresse de la Souche et 2 prés à Ste-Hélène, quand l'Abbé aura une bergerie), pour 1900 fr. barrois, 5 livres de beurre, 2 bandes de lard, 100 planches, 3000 essandres, 6 resaux d'avoine, mesure de Rambervillers, 3 journées de paille pour les chevaux de l'Abbé étant à l'abbaye, et conduire à Toul le fruit du jardin.

APPENDICE IV

Pied-terrier des biens et héritages que les religieux possèdent en vertu de la séparation des manses et autres titres tant sur le finage d'Autrey qu'ailleurs.

Autrey

1° Ils tiennent en vertu de la séparation des manses de 1664, art. 2, la maison dite anciennement la Bergerie qui fut rebâtie à leurs frais en 1677, dans laquelle ils font leur ménagerie et logent leur bétail. Elle est située au haut du village, le chemin qui va à Bruyères d'une part, les maisons des fermiers de M. l'Abbé d'autre part, le devant donnant sur le grand chemin et le derrière sur le verger.

2° Le jardin de la vigne, ainsi qu'il est enfermé et aborné au coin en haut et à main droite; le grand chemin qui va à St-Dié d'une part, les jardins des fermiers de M. l'Abbé d'autre et d'une pointe, et le chemin qui va à Bruyères d'autre pointe. On en parle dans la séparation des manses.

3° 5 chenevières joignantes l'une l'autre contenant 1 jour 1/2, situées dans la corvée allant à l'étang Bassené, au long de celles dont jouit le fermier de St-Florent.

4° Les terres labourables faisant partie de celles labourées anciennement par les fermiers de Vuillaume Fontaine, lorsqu'il y avait deux corps de logis, comme elles sont désignées, de part et d'autre du chemin de St-Dié, par les bornes plantées.

5º Une thielle de prés en nature, appelée le clos, derrière les murailles du jardin de M. l'Abbé, la rivière d'une pointe et le chemin de Bruyères d'autre. Il y a environ 1/4 de cet héritage qu'on laboure et maintenant en nature de chenevière. Il conste par un acte d'ascensement de 1576, que cette thielle de pré était autrefois en nature de jardin et de meix ; et, par un contrat d'échange de 1538, que les vieilles murailles d'Autrey étaient au-delà de cette pièce. Aussi c'est mal à propos que les gens de Fremifontaine ont ci-devant prétendu y avoir droit de vain pâturage comme dans les autres prés contigus.

6º Ils tiennent aussi le pré Houot au-delà de la rivière, le bois de Ste-Hélène d'une part et d'autre part l'autre moitié dudit pré appartenant à M. l'Abbé ; le chemin qui va à Ste-Hélène d'une pointe, et d'autre le paquis ou Pransureux, anciennement dit des Pouxels. 4 charrées de foin.

7º Un pré appelé le Rond-Pré, joignant la rivière qui dépendait anciennement de la menautie Jean de l'Etang le vieil. 14 voitures de foin.

8º Le pré appelé le pré de la Chermine, au-dessous de celui ci-dessus, du côté de Rambervillers et joignant la rivière.

9º Un autre petit pré aussi près de la rivière, en deçà du pré appelé de la Grande-Croix, 1 charrée 1/2 de foin.

10º Une partie du pré de la Grande Croix, tenu anciennement par Melchior, et renfermé par un canal où passait autrefois une partie de la rivière. 12 voitures de foin.

11º Un autre à côté, vers le bois de Ste-Hélène, appelé le pré de l'Epine.

12° Une petite thielle de pré d'environ une charrée, provenant d'acquêt, appelé le Pré le Maire, du rapport de 1 charrée.

13° Le pré Jean Bailly, dit des Potots, en deçà de la rivière, laquelle est d'une part et le chemin de Rambervillers d'autre part, le rupt des Converts d'une pointe, et le pré tenu par le fermier de la maison neuve d'autre, du rapport de 11 voitures de foin.

14° Enfin les 2/3 d'un autre pré, dit le Grand Pré, anciennement attaché à la cense de Vuillaumefontaine, entre le void de St-Florent d'une part, le void du They d'autre, le bois de la Feigne d'une part, et le ruisseau qui passe le long de la totalité dudit pré, d'autre; le reste de ce pré au-delà du ruisseau restant attaché à la cense de Vuillaumefontaine, du rapport de 16 voitures de foin.

La maison neuve.

En 1670, les religieux firent rebâtir cette maison sur les anciennes masures des menauthies qui leur avaient été cédées par la séparation des manses, située presque au milieu du village, entre le jardin d'une part, M. l'Abbé de l'autre, une petite cour du derrière, et le devant sur la rue. Le fermier qui tient cette maison avec les biens qui en dépendent et qui proviennent en partie desdites menauthies, laboure environ 60 jours 1/2 de terres et cela dans 6 pièces, sur le sentier de Vuillaumefontaine à Bruyères et près du bois, à la basse des Rayeux, à l'Etang Bassené, à la Fontaine de l'Etang, à la Corvée et à la basse d'Hérival.

Il engrange 24 charrées de foin, qu'il tire de 4 prés. On lui a ajouté à ces prés, par dernier bail de 1743, un autre pré sur le finage de Ste-Hélène, dit le Pré le Géant, de 16 fauchées, 2 omées, avec charge de 2 sols de cens envers les chanoines de St-Dié.

Il tient de plus un jardin près de la maison, et un autre en nature de verger ou de chenevière, sur le chemin de St-Dié. Il laboure encore 3 jours de terre en nature de chenevière au-dessous de l'Etang Bassené.

Il paye pour canon de ce bien, dont il jouit de la dime, la somme de 300 fr.

La maison de St-Florent

Les religieux ayant eu, par la séparation de 1664, l'hermitage de St-Florent, à 200 pas de l'abbaye, avec les offrandes et revenus de la chapelle, firent construire une maison dans laquelle est compris ce petit logement où l'hermite résidait, et y ont attaché une partie des héritages de leurs menauthies, qui consistent en 50 jours de terres labourables en 4 pièces.

Le fermier qui laboure ces terres et à qui on a encore laissé la dime, et qui paie de canon 290 fr. etc. engrange environ 30 charrées de foin en 3 prés, le 1er près de la maison, le 2e à la Forge, le 3e, le pré Lemaire, sur la vieille rivière et le bois de Ste-Hélène, chargé de 6 blancs 1 denier de cens envers les chanoines de St-Dié et de 1 blanc à Mme l'abbesse d'Epinal (que son amodiateur en 1744 n'avait jamais demandé).

Il tient de plus 4 terrains de chenevières vers l'Etang Bassené, de 2 jours. Plus un jardin contigu à la maison sur la fourrière de 1 jour 1/2.

La cense de Vuillaumefontaine.

Cette cense, située à une petite demi-heure de l'abbaye et sur le finage d'icelle, appartient depuis la séparation aux religieux avec la dîme et toutes ses dépendances et autres droits de franchise. Les fermiers qui tiennent par bail cette cense labourent environ 125 jours de terres en 4 pièces.

Ils engrangent 40 charrées de foin en 4 pièces de prés. Ils tiennent de plus 2 jardins, un devant, l'autre derrière la maison, un verger à côté et plusieurs chenevières jointes ensemble, allant vers l'hermitage St-Urbain. Et ils paient de canon pour tout cela 500 fr.

Les religieux tiennent par leurs mains le petit étang de Vuillaumefontaine, qui ne sert que pour garder de l'alvin pour alviner les autres étangs.

Ils ont droit de pâturage ou par leurs fermiers pour 16 bêtes de charrue suivant la lettre de concession faite par l'abbé Gemel, 1453 le 15 août — ou par l'abbé Benich. — Le P. Dumoulin se serait trompé ici en mettant Gemel auteur de cet acte de 1453.

Ils louent aussi un petit logement contigu à la chapelle de St-Urbain, avec les jardins, vergers et potagers autour des bâtiments. Ces jardins ont été détachés de la cense de Vuillaume et rattachés à ce petit hermitage, pour donner au garde de chapelle qu'on y met, le moyen de subsister.

Les fermiers qui tiennent la cense rendent de ces jardins et bâtiments, par an, 27 fr. et la moitié des fruits.

Maison de Blanchifontaine, aujourd'hui appelée maison du Rhin de la Motte.

En 1686, les religieux firent construire cette maison sur leur fond, distante de l'abbaye de 1 heure, et située proche le grand chemin de St-Dié qui est d'une part, et les bois et forêts, d'autre part.

Le fermier qui tient cette cense jouit des dîmes et paye de canon 230 fr. (en 1724), laboure environ 40 jours de terres en 4 pièces — 15 ou 16 à la Motte — la 2e proche d'un ancien hermitage qui n'existe plus, sur le chemin de St-Dié, le 3e près de la maison ; le 4e contient environ 15 jours, entre le chemin de St-Dié et le pré de Vuillaumefontaine. Il engrange environ 15 charrées de foin de 4 prés attachés à la dite maison présentement.

La maison de Chilimont près de la Scie

Cette maison fut construite en 1666 et appartient aux religieux qui l'ont toujours louée au segard, pour en engranger les foins. Le bail de 1713 porte 130 fr. de canon.

Les prés au nombre de 4 rapportent environ 12 charrées de foin. — (Les autres devenus friches par la négligence des segards trop occupés d'ailleurs par la scierie. — On voit encore que nos prairies allaient jusqu'à la basse de la grande Coisseuse.)

Le fermier qui tient la maison et ces prés, laboure encore quelques journaux de terre proche des bois d'une part et des 2 pointes et le chemin de St-Dié d'autre part.

Par la séparation des manses, art. 6, la totalité de

l'étang qui est au-dessus de la scie est aux religieux, et ils en jouissent actuellement.

Bult.

Les religieux ont un gagnage qui rapporte actuellement 12 paires 1/2 froment, 1/2 avoine. La maison du fermier ayant été brûlée en 1709 par le fait du voisin qui indemnisa les religieux d'une somme de 300 écus, ils en firent reconstruire une autre en 1710 sur une masure, incendiée de nouveau en 1717 par le fait du fermier qui la fit réparer à ses frais, les religieux y ayant contribué quelque chose du leur.

Ce gagnage se compose de biensfonds anciens et de nouveaux. Il y a des acquêts de 1697 pour une somme de 7082 fr. que les religieux ont payée et dont partie provenait de leurs épargnes.

Plus une donation d'un pré par Jeanne Viry, de Ste-Hélène, à la charge d'une messe haute le lendemain de la St-Jean-Baptiste. Quant aux biens anciens, parmi les titres, on voit un contrat du 23 juin 1509, de plusieurs héritages dont partie située à Bult. Les autres titres sont des acquêts et des engagements de cette époque, et une donation de 1545.

Cens en argent et en avoine.

Par un contrat de 1548, 12 gros de cens sont dus à la Pitance, sur plusieurs pièces d'héritage, encore payés en 1722, par Claude Micard et consorts de Bult.

Par un autre de 1539, 2 fr. de cens dus à la Pitance sur plusieurs héritages, encore payés en 1723.

Par un autre de 1578, 18 gros de cens dus aux anniversaires affectés sur une maison, etc., etc.

Par un autre de 1582, 3 fr. 10 gros 1 blanc dus sur une maison.

Faute de cens payés, partie de ces hypothèques ont été adjugées aux religieux, et les autres dégagées par le remboursement des capitaux.

Par un pied-terrier fait en 1690, il conste qu'il est dû au luminaire de l'abbaye, un 1/2 bichet d'avoine sur un champ, et 1 bichet 1/2 d'avoine sur 2 pièces à Bult, payés encore en 1717.

La Fraze.

La maison franche de la Fraze qui appartient aux religieux fut rebâtie en 1690. Les terres d'alentour sont abornées sur la hauteur du côté de Housseras et de Froidpertuy qui est contigu à cette cense, par 5 bornes plantées pour faire la séparation des dites terres de la Fraze d'avec celles des ascensements de Froidpertuy.

Les haies banales appartenant à Jeanménil font la séparation de l'autre côté. Les bois de Mgr l'évêque d'une pointe et les prés de Jeanménil d'autre.

On ne trouve aucun titre dans les archives pour justifier de la propriété de ce bien, sinon celui de Théodoric, évêque de Metz en 1176, qui rappelle 3 gagnages que l'abbaye possédait déjà, dont celui de la Fraze est un.

Et insuper tres *sessas* (1) quas apud *vicum* prædicta

(1) Ce doit être une erreur, sessas, sessus, sedes, etc. désignant une place à puiser l'eau salée près de Vic. En 1176, il n'y avait pas de village à Autrey ; Housseras n'existait pas encore ; et les 3 métairies données à l'abbaye sont la Fraze, Vuillaumefontaine et Blanchifontaine, dont le lieu s'appelle encore Gaudremeix.

domus possidet liberas ab omni redditu et exactione concessimus.

En tous cas, l'abbaye depuis près de 200 ans en a joui paisiblement ; on a un bail du 23 mai 1473 fait par l'abbé Chailley et la copie d'un autre de 1612. On a aussi un acte de 1692 où 3 particuliers de Jeanménil déclarent que depuis la croix qui est au-dessus de la Fraze, sur le sentier allant depuis Housseras à St-Benoît, où était anciennement le grand chemin de St-Dié, tous les arbres appartiennent nüement ainsi que les terres dépendant de la dite métairie, à l'abbaye d'Autrey et sont à sa disposition pour les faire couper, et profiter des fruits de glandage comme bon lui semble ; qu'il n'était pas permis aux pâtres des troupeaux du voisinage de s'arrêter et les faire pâturer sous les dits arbres ; que les fermiers ou autres ayant commission des abbés et religieux avaient droit de gager les étrangers qui auraient voulu s'y arrêter et y commettre mésus.

Ce bien rapporte en argent 525 fr. Le fermier en 1722 tire toutes les dîmes excepté celles du champ Tabarin et de 4 jours de prés à Xarimprey. Le vicaire de Jeanménil tire ces dîmes et rien autre chose pour la rétribution. La Fraze était attachée à la paroisse de Jeanménil.

Le même fermier engrange environ 40 charrées de foin, de 4 prés : le 1er appelé le pré des Anges au-dessus de l'étang ; le 2e, au-dessous de la maison ; le 3e dit à Xarimprey au-dessous de l'étang ; le 4e au même lieu.

Il cultive aussi, aux environs de la maison, plusieurs jardins et chenevières.

Les nouvelles acquisitions, surtout du champ Tabarin et

des prés Xarimprey, sont du 20 février 1528 et 1532, et 1665 et 1667.

A l'occasion de ces mêmes prés, les habitants de Jeanménil ayant demandé aux religieux de prendre la moitié de l'eau de la fontaine de la Fraze pour la conduire au village et l'ayant obtenu, iceux, en considération de cette concession, accordèrent par acte du 4 mai 1665, par devant Me Guérin, tabellion à Rambervillers, le droit de tenir et posséder en regains les dits prés de Xarimprey et autres, dépendant de la dite métairie de la Fraze, comme en effet on en a joui jusqu'à présent.

Fremifontaine.

Par un compte-rendu à Me Serrier, ci-devant seigneur de Fremifontaine en 1589, il conste qu'il est dû aux anniversaires 7 gros qu'on a tirés jusqu'en 1648 ; M. l'Abbé, étant aux droits du sieur Serrier, est conséquemment chargé de cette redevance.

Par d'autres pièces, il paraît qu'en 1575, le bétail des habitants fut gagé dans les corvées d'Autrey à la réquisition de l'abbé Chatelain, qui en avait poursuivi la confiscation à la justice de Rambervillers ; mais par accord du 14 août, il leur en fit remise, et leur accorda de plus un passage pour vain pâturer leur bétail aux hauts bois de Rambervillers, depuis le dessus du chemin des chanoines et de Gerbenoüez, pour par là passer, sans qu'il leur soit loisible ni permis au dessous des 2 chemins venir vainpâturer, ni autrement, à peine d'être châtiés d'amende à ce convenable.

Grandviller.

Par contrat d'échange 1545, il appartient à l'abbaye un étang dit à la Voie de la Boudière et obvenu aux Religieux par la séparation des manses. Il est actuellement en nature de pré et laissé par bail 1746, pour 2 fr. par an. Depuis on l'a laissé pour plus, jusqu'à 30 fr.

Housseras

En vertu de la séparation, il appartient aux Religieux plusieurs héritages affectés à la pitance et dont ils jouissent par des titres, du 25 mai 1482, cession de 2 prés, lettre d'acquêt 1527 et 1534 etc.
Une donation de 1688, de Lambert Thierry et sa femme, cédant sans réserve tous leurs biens immeubles à charge de faire perpétuellement tous les ans 3 services. Mais en 1712, les héritiers ayant intenté un procès pour rentrer en ce bien alors loué avec les autres biens de la manse conventuelle, à un fermier qui en rendait 200 fr., un arrêt du parlement de Metz 1715, déclara nulle la donation des maisons et autres immeubles, les frais d'amortissement et services faits compensés avec les fruits et revenus que nous avions perçus, et tous les dépens du procès à notre charge. La masure à nous près l'église, les jardins, prés, henevières, sont laissés pour 48 livres par an, 1721.

Ménil

On a vu que l'évêque Théodoric par ses lettres de confirmation gratifia l'abbaye de la place du moulin de Nossoncourt appelé aujourd'hui Lavaque, avec le cours d'eau. Mais il ne paraît pas par quel endroit les évêques de Metz se sont mis en possession de la 1/2 dudit moulin ; seulement nous avons une lettre de 1448, de Conrad évêque, par laquelle il reconnaît tenir d'amodiation, de l'abbé Gemel, le gagnage de la Souche, l'étang de Gérardrupt et la 1/2 des profits du moulin dit de l'Evêque, et déclare qu'après sa mort lesdits biens retourneront à l'abbaye : ainsi, dès ce temps, l'évêque supposait déjà que l'autre 1/2 du moulin lui appartenait.

Pour ce qui est du moulin de Ménil, construit vers 1550, sur le ruisseau appelé Belleweute (Bleuvenette ?) par George Gridel de son propre chef, il fut arrêté qu'il resterait pour moitié en propre au seigneur évêque, et pour l'autre moitié à l'abbaye, en remboursant à Gridel la somme de 330 fr., contrat ratifié par Charles de Lorraine, cardinal, 1550. Ces deux moulins subsistent avec le droit de banalité pour tout le ban de Nossoncourt, et rapportent aux religieux pour leur moitié, chaque an 340 fr. et un porc gras du poids de 120 liv. suivant le bail de 1720.

Il y a eu procès à l'occasion de ce moulin contre le sieur Phulpin ci-devant amodiateur du seigneur évêque, et arrêts rendus en 1683 et 1684 en faveur des religieux.

Par acquêt de 1645, appartient encore à l'abbaye un étang avec les prés au-dessus et au-dessous, appelé l'étang de la Gravelle sur le finage de Ménil, au-dessus de l'étang de Mgr de Metz : les religieux en jouissent depuis la séparation. Ils ont encore par échange, 1681, un pré dit le pré Haute-Seille, laissé avec celui du dessous de l'étang et un champ, à un particulier de Ménil, pour 24 l. en 1723.

Villé.

Par acte d'ascensement, il est dû 9 gros de cens sur un étang au finage de Bazien, dit à Gérardrupt, qui appartenait ci-devant à l'abbaye par cession de Bancelin, dit Vosgien, d'Epinal, chanoine de Liverdun, tant de la moitié du moulin de Nossoncourt que de l'étang, 1312.

M. de Ménonville de Villé tient cet étang et paie le cens.

Rambervillers.

On y avait une maison, mais ne pouvant la rebâtir, on la vendit à Robin, tanneur en ville, puis à son gendre Deguerre, dont la famille la conserva jusqu'en 1862, où elle fut vendue à un marchand de fer pour 16,000 fr. Mais les religieux se réservèrent quelques terres qu'ils louent pour 36 l. 4 et langues de bœufs, 1724. Il y a 4 prés, 5 champs et 2 jardins. Il y avait aussi le moulin de Badlieu, près Rambervillers, donné en 1356. Acquêt d'une maison et plusieurs héritages par l'abbé Mercier en 1511. Lettres de franchises accordées par le cardinal de Lorraine, 15 avril 1605, touchant la maison vendue de Rambervillers, divers acquets, ascensements, amodiation. etc. etc.

Romont.

Nous avons un pré appelé la Thielle mignotte et aujourd'hui le Pré le voissieux, qui est au long de celui de la cure, qui a pour pointe le ruisseau de Romont. M. Poirson curé le tient par bail de 1718, pour 3,17 sols.

Il a été acquis par l'abbé Mercier 1511.

Ste Helène.

Les Religieux possédaient dans ce lieu quelques héritages justifiés par titres et possessions ; et quelques cens en argent et chapons qu'on tire tous les ans de quelques particuliers détenteurs des maisons et héritages affectés pour lesdits cens.

Thiarménil.

Ils ont là une maison franche, moulin et battants en dépendant et joignant, en partie par donation, partie par acquisition. Les plus anciens titres sont de 1309 et 1342.

En 1465, il paraît qu'il y avait une forge près du moulin laquelle fut adjugée à l'abbaye par les maire et gens de justice de Rambervillers, faute de payer le cens. Et ils pourraient la faire rebâtir aujourd'hui.

De cette maison franche dépendent plusieurs héritages, terres, pres, meix, jardins, chenevières, dont ils tirent la dîme. Et ils possédent ces héritages par donations ou acquêts 1343, 1351, 1366, 1525, 1533, 1554, 1563, 1572.

En 1662, Claude Chopat, arquebusier à Vesoul, donne tous ses immeubles moyennant quelques messes qui sont dites. Le vicaire qui dessert la paroisse de Jeanménil (de laquelle dépend Thiarménil pour les sacrements) tire seulement la dîme des héritages dépendant de ce bien, qui sont de nouvelle acquisition.

Vomécourt.

Il est dû un demi bichet d'avoine sur 4 portions de

terre à la haie du haut d'Autrey. On trouve cette redevance mentionnée à la marge d'un ancien journalier du R. P. Mengin, ancien prieur de Bettegney-St-Brice, et payée jusqu'en 1720.

A Vomécourt, il existait une seigneurie dite des fiefs, dont les 2/3 au seigneur marquis de Gerbéviller, à cause de sa seigneurie de Romont ; un 1/3 au sieur Abbé d'Autrey pour 1/2 provenant d'acquet sur damoiseux Jean de Mitry, fait en 1567, pour une partie, et l'autre 1/2 à MM. les barons de Serrières ; consistant pour l'abbaye en quelques menus cens assis sur des pièces d'héritages dont la réception se fait le dimanche après la St-Martin d'hiver par les officiers et commis envoyés par les dits seigneurs, en même temps que la création d'un maire, d'un échevin, d'un sergent, pour la justice locale, qu'il leur est loisible de faire chaque année.

Vigneulles

Les Religieux jouissent d'une maison de temps immémorial, n'ayant pas d'autre titre pour en justifier la propriété. Ils y ont aussi plusieurs pièces d'héritages, terres arables, prés, jardins, comme on le voit spécifié dans un ancien pied-terrier de 1646.

Ils ont aussi plusieurs pièces de vigne, quelques jours sont en friches, d'autres en terres labourables, 4 bons jours que nous faisons façonner tous les ans par le vigneron, qui tient le gagnage pour 180 fr. par an.

Voivre.

Voivre est un gagnage, autrefois maison franche, situé

entre Fontenoi et Glonville, prévôté d'Azerailles, Il y a 2 corps de logis et un petit pavillon (démoli en 1727 ainsi que la chapelle.) La chapelle érigée en l'honneur de N. S. et de sa très sainte Mère et de tous les saints, comme on le voit par la permission donnée pour la bâtir par le grand doyen de Toul, à la réquisition de son neveu Frédéric, bienfaiteur de l'abbaye. Cette terre, une des plus considérables de l'abbaye, a un rapport de 100 paires et autres revenus tant en grain qu'en argent provenant de plusieurs ascencements, dont quelques-uns ne se paient pas aujourd'hui, les terres ascensées étant inconnues aussi bien que les particuliers qui les possèdent.

Cette terre fut donnée à l'abbaye par Otton de Damelièvre sous une redevance de 7 deniers seulement, et par le même titre, Cono, curé de Dillonville (Glonville), abandonne les dîmes qu'il avait droit de percevoir sur les terres de la Voivre, moyennant 12 deniers toulois payables en octobre, se réservant seulement les dîmes des terres que nous cultiverions.

En 1182, Lucius III confirma la concession que les Religieux de Moyenmoutier, gros décimateurs et collateurs de la cure de Glonville, avaient faite des dîmes qui leur revenaient des terres de la Voivre. Voyez au 1er appendice: Terras et decimas ad Ecclesiam Dillonis, etc.

En 1238, l'abbaye détacha les terres dont elle jouissait entre Ruiles et Mervaville, et les laissa à titre de cens à l'abbaye de Senones. On ne tire rien à présent de ce cens, ces terres étant inconnues aujourd'hui.

En 1311, Simon de Baudeménil donna à l'abbaye quelques pièces de prés à joindre au gagnage de la Voivre:

comme ce titre est mangé des souris, on ne peut dire si ce don était simple et pur, ni quels sont ces prés.

Par un acte de 1381, l'abbaye avait vendu à un particulier de Blamont, ce même bien de la Voivre, et à Mme de Valbourg de Fenestrange son épouse et à Thiébaut son fils, et ce même particulier déclare qu'après sa mort et celle de sa femme et de son fils le bien de la Voivre retournera en tous droits à l'abbaye.

On voit par un autre acte, que Bertrand, évêque de Metz, confirme la donation que deux particuliers de Deneuvre avaient faite à l'abbaye de la Voivre, et d'un bois appelé le bois de Frahoy, sous le cens de 7 deniers.

Depuis et avant, l'abbaye a fait tantôt des ascensements de quelques terres dépendant de la Voivre, tantôt des acquisitions, comme le prouvent différents contrats passés en 1309, 1311, 1466, 1522, 1530, 1536, etc. Un accommodement entre nous et les chanoines de Deneuvre 1714, au sujet de 7 andains de pré que les Religieux d'Autrey avaient droit de prendre à leur choix, dans un pré appelé le Grand Pré, sur le ban de Glonville.

En 1715, obligation de contribuer à un nouveau chemin pour la commodité de nos fermiers.

En 1448, l'abbaye, ensemble la terre de Voivre, se mirent sous la sauvegarde du duc Jean, et par lettres-patentes, la terre de Voivre se trouve chargée de 5 resaux d'avoine payables à la St-Martin à Lunéville.

Le duc René II en 1475 accorda la même grâce, et décharge la Voivre de la redevance des 5 resaux, à condition qu'il se fera à perpétuité, en l'abbaye, un service solennel pour le dit seigneur duc et ses successeurs, pendant l'octave de St-Hubert.

En 1555, le duc Nicolas de Vaudémont, en l'absence de Madame Christine de Danemark, duchesse douairière, accorda même grâce.

En 1575, le duc Charles, d'heureuse mémoire, idem et sur les mêmes conditions.

En 1535, les habitants de Glonville firent faire une reprise de quelques porcs que les fermiers de la Voivre avaient envoyé vainpâturer dans la grosse pâture, dans un bois appelé le Pommeroy, qui ne subsiste plus, ayant été coupé par les habitants ; et sur l'opposition formée de la part de l'abbaye tant sur ce rapport que sur la coupe du bois, après plusieurs contestations par devant le baillage de Lunéville, il y eut appel de la part des habitants, dont ils se déportèrent peu après.

Un particulier de Glonville inquiétait journellement les fermiers de la Voivre, au sujet de leurs troupeaux qu'ils envoyaient pâturer sur le ban de Glonville ; l'Abbé qui vivait pour lors, présenta requête au souverain ; deux jours après, il y eut accord, comme on le voit par l'acte qui en fut dressé.

En 1578, on fit une reprise de la part des habitants de Glonville contre les moitriers de la Voivre, sur ce que les dits habitants prétendaient qu'ils n'avaient pas droit de prendre du bois mort et mort bois dans les haies Cellerins pour leur chauffage et clôture de leurs héritages. Et après plusieurs contestations et enquêtes faites, ces fermiers ayant prouvé leur possession, il y eut sentence en leur faveur.

En 1580, il y eut requête présentée au conseil pour le même sujet, il y eut descente et vue des lieux, et enfin sentence qui confirma celle de 1578.

Depuis le retour de S. A. R. il y eut arrêt prononcé le 9 février 1705 par lequel nous sommes maintenant dans le droit et possession d'avoir pour nos fermiers de Voivre leur usage et pâturage dans les contrées de haies Cellerins, biens communaux, communautés d'Azerailles. Lesquels droits néanmoins restèrent réduits à une proportion ordinaire qui a été réglée pour chaque habitant de la prévôté d'Azerailles, et sans que nos fermiers en puissent user autrement qu'un desdits habitants.

En 1696, le sieur Bouquot, curé de Glonville, ayant fait difficulté d'administrer les sacrements à nos fermiers de la Voivre et de les reconnaître pour ses paroissiens, ils furent obligés de le citer à l'officialité de Toul, et par sentence du 4 juillet 1696, il lui fut ordonné de les reconnaître et de leur administrer les sacrements, en contribuant par eux aux charges et obligations de la paroisse, et en outre du consentement des parties, que les fermiers payeraient annuellement au curé 1 resal de bled par forme de reconnaissance, pour la cense de Voivre et ses dépendances. Cette sentence lui fut signifiée, et il n'a point fait appel, et est censé y avoir acquiescé. M. de la Marque son successeur, à son entrée dans la cure a voulu innover, et de sa propre autorité a fait enlever des gerbes sur les terres exemptes, et a tiré la dîme à la douzième sur les terres de menauthies, sur lesquelles on n'a jamais perçu que la 24e; de là contestation, instance des chanoines d'Autrey contre le dit de la Marque.

APPENDICE V (1)

*Etat général de la manse canoniale d'Autrey
pour l'année 1788.*

L'abbaye d'Autrey fut fondée vers l'an 1145, par Etienne de Bar, cardinal évêque de Metz, qui la dota de tous les biens et terrains rapportés dans les anciens titres confir-

---

(1) Etienne de Bar, neveu du Pape Calixte II, peut être considéré comme le type du grand seigneur évêque du XII° siècle. Sa patience et sa modération lui ouvrirent les portes de sa ville épiscopale, et lui concilièrent ses administrés. Son énergie lui permit de reconstituer le temporel de son évêché, presque entièrement absorbé par les usurpations des seigneurs du pays, sous les évêques qui l'avaient précédé. Il sut même l'augmenter : car il acquit la seigneurie dont fut composée, pour la plus grande partie, la chatellenie de Rambervillers, l'une des plus belles de St-Etienne. Sa modération lui concilia l'amitié du duc de Lorraine et de l'Empereur. Sa générosité se fit sentir à presque tous les établissements religieux de son diocèse.

En 1147, il part pour la croisade de Louis VII, comme il a été dit, avec son frère Renaud de Bar.

En 1127, il avait donné la place du Moniet, prés de Deneuvre, à l'Abbé de Senones, Antoine.

De 1145 à 1149, il avait bâti le couvent d'Autrey, et y avait introduit 5 ou 6 religieux, avec un Abbé à leur tête ; dernier débris des anciens religieux d'Etival, lassés du joug de l'abbesse d'Andlau. En 1150, l'église fut consacrée. En 1152, il met la paix entre l'abbaye de St-Mihiel et le comte de Bar, entre l'abbesse de Remiremont et le duc Mathieu. En 1156, il fait tous ses efforts dans l'assemblée de Colmar, pour arranger le Pape Adrien et l'Empereur Frédéric. En 1161, il travaille énergiquement à maintenir la paix entre les abbayes de son diocèse, et meurt enfin couronné de mérites et de gloire en 1163, le 29 décembre.

matifs de la dite fondation au nombre de onze en originaux, surtout la bulle de Lucius III et la charte de Bertrand, évêque de Metz, qui, suivant un arrêt du conseil du 8 juillet 1771, doivent être suivis et exécutés selon leur forme et teneur.

Séparation des manses.

En 1660, on sépara les deux manses, ce qui fut enregistré au parlement de Metz le 30 août 1684.

Droits communs aux deux manses.

Par arrêt de la cour du 19 juillet 1755, les abbés et chanoines réguliers d'Autrey sont maintenus et gardés au droit de pêche exclusivement à tous autres, même au seigneur évêque de Metz, excepté lorsqu'il sera dans sa châtellenie de Rambervillers, comme aussi de présenter un garde de pêche qui prêtera serment par devant les officiers dudit Rambervillers pour la manutention dudit droit de pêche dans les ruisseaux de Chilimont et du Sapiney, de même que dans la rivière de Mortagne.

Par ledit arrêt, il est dit qu'en conséquence de la déclaration faite par l'abbaye d'Autrey, comme elle ne prétend aucune juridiction sur le ban d'Autrey, elle est maintenue dans le droit de prendre la qualité de sieur Foncier d'Autrey.

Par autre arrêt du conseil d'Etat du 6 septembre 1756, les abbés et chanoines réguliers d'Autrey sont maintenus au droit de faire chasser sur tout le ban dudit Autrey désigné dans la bulle du pape Lucius III.

Par autre arrêt du 8 juillet 1771, Sa Majesté a ordonné que la bulle du pape Lucius III de 1182, ensemble la charte de l'évêque Bertrand de 1187 seront exécutées selon leur forme et teneur, en conséquence a maintenu et maintient les Abbé, prieur et religieux d'Autrey dans la propriété, possession et jouissance des terres, héritages et droits qui leur ont été donnés par Etienne de Bar et Thiéry ou Théodoric. Les maintient dans le droit de marnage concédé à ladite abbaye par l'évêque Bertrand en 1187. Maintient aussi les dits abbés et religieux dans le droit de pêche dans la rivière de Mortagne aux endroits fixés par la dite bulle, de même que dans le droit de *vainpâturer* sur tout le ban de Rambervillers et de Nossoncourt, même dans les bois prétendus bois de chambre, lequel droit ils exerceront concurremment avec chaque communauté dans chacun des lieux où les dites communautés sont usagères, et auront seuls ce droit dans les lieux où il n'y aurait point d'autres usagers établis.

En ce qui concerne le droit de glandée, Sa Majesté ordonne qu'elle sera divisée en deux portions égales entre l'évêque de Metz et les usagers, pour l'une être choisie par les usagers, et l'autre rester audit évêque, sauf aux Abbé, prieur et religieux d'Autrey de mettre en pannage tous les porcs que la glandée pourra comporter dans la portion destinée aux usagers eu égard au droit des autres usagers.

Le même arrêt garde le seigneur évêque de Metz dans la propriété des Hautbois de Rambervillers, formant la montagne d'Autrey.

L'abbaye d'Autrey, par cet arrêt, étant privée de la

propriété de tous les bois, s'est pourvue contre ledit arrêt : en conséquence, il fut passé une transaction le 29 juillet 1788, par laquelle les chanoines réguliers d'Autrey renoncent pour toujours au droit de propriété dans la forêt d'Autrey, de même qu'aux usages dans les forêts de Rambervillers, et au droit de marnage à eux accordé par l'arrêt du 8 juillet 1771 ; abandonnent aussi au seigneur évêque de Metz leur scierie de Chilimont avec sa prise d'eau, avec droit néanmoins d'en construire une plus bas, à condition que l'abbaye d'Autrey payerait annuellement à l'évêque de Metz deux *charrées* de planches, ainsi qu'on était condamné de les payer sur celle de Chilimont ; ils s'engagent aussi par ladite transaction de n'empêcher, ni gêner ou retarder le flottage des bois de l'évêché sur le ruisseau de Chilimont, ni prétendre aucune indemnité pour ledit flottage.

En conséquence mondit seigneur évêque de Metz, tant en son nom qu'en celui de ses successeurs évêques, pour tenir lieu aux Abbé, prieur et religieux d'Autrey des objets par eux cédés à l'évêché de Metz, et de ceux dont ils se sont déportés à son profit, leur cède et transporte en toute propriété, le terrain qui fait le bas de la montagne d'Autrey depuis la basse des sept fontaines du côté du Void du Sapiney et la basse Joseph du côté de Chilimont, dans lequel terrain l'évêché de Metz se réserve seulement le passage par les chemins ordinaires pour l'exploitation des bois de la partie supérieure de la montagne d'Autrey, laquelle partie est séparée par vingt bornes et par une tranchée,

Droits de Perrières, parcours dans les bois de Ste-Hélène et le cours de la rivière de Mortagne donnés à Autrey.

Par traité de 1228, passé entre Madame l'abbesse d'Epinal et l'abbaye d'Autrey, l'église d'Autrey a droit de prendre et d'arracher de la pierre dans le bois de St-Gorgon et de Ste-Hélène, et en outre la pêche dans tout le cours de la rivière de Mortagne.

Par la bulle de Lucius III, de 1182, l'abbaye d'Autrey a droit de pâturage sur les bans de Voméconrt, dans les bois de St-Etienne, sur le ban de Rambervillers, et dans une partie des bois de Deneuvre, depuis la Mortagne jusqu'à la Meurthe.

Par une constitution du duc Simon, l'abbaye d'Autrey a droit de pâturage, comme l'avait ledit duc, sur les finages de Champ, de Granvillers, Fontenoi et Aydoilles, sans payer aucun passage pour aller et revenir.

Moulin de Badlieu.

En 1358, le seigneur voué de Rambervillers donna à l'abbaye d'Autrey le moulin de Badlieu, près de Rambervillers ; en 1417, l'abbé Jacquemin engagea ce moulin à M. Henry Barbay, bailli des Vosges, pour une somme de neuf vingt et dix florins d'or, dont ledit Barbay, ses hoirs et ayant cause jouiront tant et si longtemps que l'abbaye d'Autrey ne rendra pas la susdite somme. Ce moulin est à présent tenu par l'évêque de Metz.

Tuilerie.

La tuilerie d'Autrey est par indivise entre la manse

abbatiale et canoniale; elle est laissée au sieur Varquier. Le produit en sera rapporté dans la recette extraordinaire. Les terrains et dépendances de cette tuilerie qui sont aussi par indivis, sont les héritages depuis le milieu du sentier de St-Florent, jusqu'à la Fayne, et vont jusqu'au rayeux de Jean de l'Etang ou jusqu'aux champs Laforcé, le jardin au-dessus de ladite tuilerie qui est partagé est aussi par indivis, suivant la séparation des manses.

DROITS ET BIENS NUEMENT A LA MANSE CANONIALE.

La ferme dite la Marcairerie.

La maison proche la marcairerie ou bergerie, située au-dessus du village, est laissée avec la ferme à bail passé pardevant notaire du 23 avril 1780, pour 3, 6 ou 9 années à Alexis Baudré qui doit en payer le canon annuel : 834 livres en deux termes : St-Martin et St-Georges, doit voiturer 8 cordes de bois et la pierre d'un four à chaux, pourquoi il en aura 15 muids, doit en outre un millier de paille, outre la maison et ses aisances. Ledit fermier jouit d'un jardin de 2 jours, de 82 jours de terres arables et de 49 fauchées de pré. . . . . 834[1]

Maison de la Marcairerie.

Cette maison est laissée en partie à bail sous seing privé du 23 avril 1782 pour 6 ou 9 années à Joseph Doridan qui doit en rendre annuellement 240 livres ; tient de plus un champ au-dessus des jardins et des terres à la Goulotte pour 56 livres, ce qui fait entout 296 livres, la moitié de cette maison nous étant réservée pour loger une partie de nos grains et fourrages.. . . . . 296¹

La maison neuve.

Cette ferme consistant en une grosse maison, jardin et verger en 92 jours de terres arables et 44 fauchées de pré, est laissée à bail du 23 avril 1780 pour 3, 6 ou 9 années, à Barbe Aubertin, veuve de Jacques Marchal, et à Martin Comte, son gendre, qui doivent en payer annuellement en deux termes, St-Martin et St-Georges, 799 livres, un millier de paille, faire la conduite de 8 cordes de bois, de même que celle des pierres d'un four à chaux, pourquoi on lui donnera 15 muids de chaux. 799¹

Ferme de St-Florent.

La maison proche la chapelle St-Florent avec les meix et jardins y attenants, 86 jours de terres arables, 59 fauchées de pré, est laissée à bail passé pardevant notaire du 23 avril 1781 pour 6 ou 9 années à Nicolas Guérard, qui doit en payer annuellement en deux termes, St-Martin et St-Georges, 800 livres, un millier de paille, faire la conduite de 8 cordes de bois, de même que celle de la pierre d'un four à chaux, pourquoi on lui payera 15 muids. 800¹

Villaumefontaine.

Cette ferme, franche de tous droits envers l'évêché de Metz, sise près du bois d'Autrey, consistant en deux maisons de fermier, rebâties en 1766, en meix et vergers, en 193 jours de terres arables, y compris 22 jours de terre aux pinasses, en 81 fauchées de pré, avec droit de mettre 16 bœufs en pâturage au pré du Battant, avec les habitants de Fremifontaine, depuis la foire du marché, est laissée depuis le 20 mai 1788 à Nicolas et Léopold les Valence, par continuation de bail avec les mêmes, passé pardevant notaire le 21 mars 1771, pour 3, 6 ou 9 années sous le canon annuel de 1617 livres, payables à la St-Martin et à la St-Georges, à commencer à la St-Martin 1789; jouissent de plus d'un petit pré à côté du grand pré.. . . 1617[1]

Blanchifontaine.

Cette ferme consistant en une maison reconstruite en 1785, 45 jours de terres et tous les prés, depuis la passée au-dessus de la scierie de Gaudremé jusqu'aux prés de Villaumefontaine sous le Void dudit lieu, est laissée à bail du 23 avril 1785, pour 3, 6 ou 9 années à Pierre Clément qui doit en payer de canon annuel à la St-Martin et à la St-George, 423 livres 5 sols 423,5

Chilimont.

Cette ferme consistant en une maison rétablie en 1786; en tous les prés le long de la goutte de Chilimont, depuis la grande Coisseuse jusqu'à ceux de Blanchifontaine avec les champs au-dessus de ladite maison et ceux de la Bosse du Bois récupérés en 1759 sur l'évêché de Metz, est laissée à bail sous seing privé du 23 avril 1782, pour 2, 5 ou 8 années à Nicolas Lalevée qui doit en payer annuellement 260 livres, moitié à la St-Martin et l'autre à la St-Georges et faire la conduite de 8 cordes de bois. 260^l

Terres de la Faine.

Les terres de la Faine, récupérées en 1759 sur l'évéché de Metz, faisaient autrefois partie des fermes de St-Florent et de Thiarménil, dépendantes de la manse canoniale, comme il conste par arrêt du 11 juin 1757.

Par arrêt de la Chambre des comptes en 1764, les terres de la Faine font partie du finage d'Autrey. En conséquence, exemptes de dîme. Car suivant la bulle du pape Lucius III, tous les biens de l'abbaye d'Autrey, situés pour lors sur la paroisse de Rambervillers, sont exempts de dîme au moyen de 21 livres de Lorraine, que ladite abbaye doit payer au curé de Rambervillers le 1er octobre de chaque année ; pour la manse canoniale : 5 livres 10 sols ; pour l'abbatiale : 15 livres 10 sols.

Par la séparation des manses, la dîme sur le territoire d'Autrey appartient à M. l'Abbé, à la réserve des terres de la manse canoniale qui en sont exemptes, et toutes les fermes laissées sont exemptes de dîme sur le ban d'Autrey, quoiqu'il n'en soit pas fait mention dans les baux.

654 jours de terres de la Faine, situées au septentrion de la forêt de la Faine à Mgr de Metz avec deux grosses maisons, sont laissées à bail par devant notaire du 23 avril 1783, pour 9 années entières et consécutives qui ont pris leur commencement à la St-Georges 1785, et finiront à pareil jour à Jacques Thiéry et Pierre Charles, demeurant à la cense de la Faine, qui doivent en payer de canon annuel 3060 livres en deux termes, St-Martin et St-Georges,

en outre 4 paires de poulets, jouissent de plus de 20 jours de terres arables sous la Faine et de 26 fauchées de prés ez Grandes Croix et 6 fauchées faisant partie du pré Marchal. . . . . 3600[1]

Terres méridionales de la Fayne.

Par bail sous seing privé du 23 avril 1783 pour 6 années, Nicolas Mengin, de Housseras, tient 23 jours 4 omées de terres au-dessus de la Goulotte dont il doit payer à chaque St-Martin 163 livres 16 sols. 163,16

Par bail sous seing privé du 23 avril 1786 pour 3, 6 ou 9 années, Jacques Petitjean, Georges Mengin, Pierre Mengeon, Nicolas Rataire, tous de Housseras, et Antoine Marchal, de Ste-Hélène, tiennent 25 jours de terre lieudit à la Goulotte, dont ils paient annuellement à la St-Martin 193 livres 15 sols, ... 193,15

Par bail sous seing privé du 29 mars 1787 pour 3, 6 ou 9 années, Jean Mathias Mengeon, de la Goulotte, tient 8 fauchées de prés et 8 omées en deux pièces, dont il doit payer à chaque St-Martin 62 livres 62

Par bail sous seing privé du 12 juin 1785, pour 3, 6 ou 9 années, Nicolas Thiéry et Louis Thihai de Housseras tiennent 10 jours 5 omées de terres méridionales de la Fayne dont ils doivent payer à la St-Martin de chaque année, 64 livres 15 sols 64,15

14 jours de terres méridionales de la Fayne ont été laissés à la veuve Renard, Pierre Mengeon, Nicolas Vaive et Joseph Mengin, de Housseras, qui doivent en payer 7 livres 15 sols du jour à chaque St-Martin, en tout 108 livres 10 sols. 108,10

Grandvillers.

Le sieur Nicolas Georgé, de Grandvillers, tient à bail, du 23 avril 1782 pour 6 années, le pré dit l'Etang l'Abbé, situé audit lieu, contenant environ 8 fauchées, dont il doit payer à la St-Martin de chaque année 77 livres 10 sols.. . . . . «7,10

Bult.

Notre ferme de Bult consistant en une belle maison et aisances, en 69 jours de terres arables et 37 fauchées de prés, est laissée à Hubert Micard, par continuation de bail du 22 novembre 1784, pour 9 années, moyennant un canon annuel de 16 paires de resaux, moitié blé, moitié avoine, 4 foureaux de pois payables à la St-Martin. En outre faire la voiture de 30 mesures de vin de Varangéville à Autrey.

Housseras.

Dominique et Joseph les Thibai, de Housseras, tiennent à bail passé par devant notaire, du 23 avril 1780, pour 3, 6 ou 9 années, un gagnage situé audit lieu, consistant en 36 jours de terres arables, 7 omées de chenevière, 32 fauchées de prés, dont ils paient à chaque St-Martin 300 livres.. . . . . 300[l]

Jean Brice, de Housseras, tient notre maison réparée avec un jardin derrière et à côté situés près du presbytère dudit lieu, de plus une masure à côté du cimetière, contenant environ 9 omées et un jardin de 14 toises cinq pieds, au-dessous de la pièce précédente. Ces deux derniers objets sont laissés à bail sous seing privé du 23 avril 1783, pour 9 ans dont il doit payer à chaque St-Martin 18 livres. 18^l

Ledit Jean Brice ayant fait bâtir la maison ci-dessus à ses frais, on lui a quitté 263 livres 8 sols qu'il redevait d'anciens canons ; il doit payer annuellement 30 livres par bail passé pardevant notaire le 1er octobre 1775, n'en payant ci-devant que 10 livres ; c'est pourquoi on lui a promis la jouissance de cette maison, sa vie durant et celle de sa femme, au moyen du canon ci-dessus qui a commencé le 11 novembre 1778 . . . . 30^l

Froidpertuis.

Nicolas-Antoine, de Froidpertuis, tient à bail du 29 juillet 1787, un pré dit le Voivre ou le pré de la Forge, situé près dudit lieu, contenant 5 fauchées 1/2 avec droit de regain ; le pré de dessus ne pouvant prétendre droit de passage sur lui ainsi qu'il conste par une transaction du mois de novembre 1786. Ledit Antoine doit en payer à chaque St-Martin 55 livres.. . . . . 55^l

La Fraze.

La veuve Antoine tient à bail du 23 avril 1782, pour 3, 6 ou 9 années, notre ferme franche de la Fraze, consistant en deux corps de logis et aisances y attenant, 308 jours 6 omées tant terres que prés, chenevières et jardins dont elle doit payer annuellement en deux termes St-Martin et St-Georges. . . . . 1364^l

Par transaction faite avec la communauté de Jeanménil, en 1665, les prés de cette ferme ont droit de regain, et par la bulle du pape Lucius III, les terres sont exemptes de dîmes moyennant les 7 écus de cens que nous payons au curé de Rambervillers.

Thiarménil.

La ferme de Thiarménil consistant en une maison, un moulin, un battant avec une rabaissée, un clos de 6 jours 7 omées, 48 jours 2 omées de terres arables, exempte de dîmes, 73 fauchées de prés franches de toute redevance envers l'évêché de Metz, est laissée à Jacques Fournier et Quirin Thiéry, pour 3, 6 ou 9 années, à commencer le 23 avril 1780, sous le canon annuel de 700 livres. En place de 6 fauchées de prés, lesdits fermiers jouissent de 10 jours de terre à la Fayne.

Mesnil et la Vaque.

Par bail du 1er janvier 1779, pour 6 ou 9 années, les maisons et moulins banaux de Mesnil et la Vaque, ban de Nossoncourt, avec un battant non banal, lesquels sont indivis entre notre maison et l'évêché de Metz, sont laissés à Joseph Arnould dudit lieu qui doit nous en payer de canon annuel, à commencer le 24 juin 1779, la somme de 713 livres, est chargé de toutes réparations ez dits moulins ; pour ce qui concerne notre part, nous n'avons rien tiré cette année, le canon de son successeur ne devant se payer qu'au 1er janvier 1789.

Joseph Petitjean, de Housseras, tient les susdits moulins par bail sous seing privé du 23 avril 1788, pour 9 années, sous un canon annuel de 837 livres, (dont le 1er paiement doit se faire le 1er janvier 1789.

François Pierre, de Mesnil, tient à titre de bail pour 6 années, à commencer à la St-Martin 1783, le pré de la Gravelle, ban de Mesnil, et un champ, lieudit au haut du Coppé, dont il doit payer annuellement à chaque St-Martin 78 livres 78l

Jean Vircot, de Mesnil, tient à bail du 26 avril 1788, pour 9 années, le pré ci-dessus de la Gravelle, avec l'étang au-dessus, à charge de le mettre en nature de prés, faire les fossés et voies, et d'en payer de canon annuel, au terme de St-Georges 1789, 78 livres, excepté la première année dont le canon ne sera que de 62 livres. Le même tient à bail du 24 juin 1786, pour 5 années, le pré dit de Haute Seille, ban de Mesnil, dont il doit payer à chaque St-Georges 23 livres 5 sols . . . . 78l et 23l 5s

La Voivre.

La cense de Voivre consistant en 4 corps de logis, 481 jours 8 omées de terres arables exemptes de dîme, excepté 47 jours ez Menandries, 2 jours de chenevières, 159 fauchées de prés, 9 jours tant en jardins qu'en aisances, franche de tout, est laissée à Joseph Barbier par bail pardevant notaire du 3 novembre 1779, qui a commencé à la St-Georges 1781 pour 9 années, à charge de payer à chaque St-Martin 124 resaux de blé, 62 d'avoine, et 310 livres, chargé en outre de toutes grosses et menues réparations . . . . . Blé: 124r ; avoine : 62r ; 310l

Fontenois et Glonville.

Pierre Jacquot, de Fontenois, tient à bail sous seing privé du 31 décembre 1786, pour 3 années, le pré dit de Jean d'Allemagne ou de Nacoux, dont il doit payer à chaque St-Martin 116 livres 5 sols . . . . 116^l 5^s

Hardancourt.

Cette ferme consistant en une maison reconstruite en 1783, 4 jours une omée et demie de chenevière, 17 fauchées 3 omées de bons prés, 102 jours 7 omées de terres arables, est laissée à bail sous seing privé du 15 novembre 1784, pour 9 années, à commencer le 23 avril 1786, à Dominique Bailly dudit lieu, qui doit en payer annuellement 496 liv., un demi resal de pois, et un demi resal de lentilles, à la St-Martin de chacune année.   Pois: 3 four.; lent. 3 f.; 496^l

Rambervillers.

Le sieur Nicolas Colin, de Rambervillers, tient à bail sous seing privé du 23 avril 1785, pour 3, 6 ou 9 années, 5 petits prés contenant ensemble 8 fauchées 20 toises, et 5 omées 6 toises de jardin en deux pièces, avec 5 champs contenant 12 jours, 9 omées, 21 toises ; le tout situé sur le ban de Rambervillers et de Romont, pour lesquels il doit payer à la St-Martin de chaque année. . . 200^l

Ste-Hélène.

Dominique Benoît, de Ste-Hélène, tient à bail s ous seing privé du 23 avril 1783, pour 2, 5 ou 8 années, le pré le Maire, contenant 17 fauchées et 5 jours 8 omées de terres arables dont il paie annuellement à Noël et à la St-Jean-Baptiste de chaque année. 174ˡ

Vigneuille.

Le sieur Thiriet, de Vigneuille, tient à bail sous seing privé du 23 avril 1783, pour 3, 6 ou 9 années, notre gagnage dudit lieu, consistant en une vieille maison, jardin au derrière de 4 omées, 7 omées de chenevière en 3 pièces, 7 fauchées 8 omées de prés, et 18 jours de terres arables, dont il doit payer chaque année, moitié à la Purification et l'autre à la Madeleine, 124 livres 124ˡ

Varangéville.

Jean Pierre Vautrin, vigneron à Varangéville, tient une chambre à feu à côté de notre vendangeoir, dont il paie en deux termes, à la Purification et à la Madeleine. . 20ˡ

Le sieur François-Xavier Saucerotte, laboureur à Varangéville, en place de Toussaint Hémar, tient à titre de bail passé pardevant notaire le 20 octobre 1786, pour 9 années, qui commenceront le 23 avril 1789, nos 4 corps de gagnage acquettés audit lieu en 1759 et 1762 des sieurs Descolin, Lamel, Doré et Froidefontaine, consistant en une très-belle maison, aisances et jardins, et 309 jours de terres arables, et 60 fauchées de prés, 2 jours tant chenevières que verger, de tout quoi il paie à la St-Martin de chaque année 78 resaux de blé, 30 resaux d'avoine, 240 livres en argent,

4 milliers de paille, moitié blé, moitié avoine, 30 gerbes de chaullure pour lier la vigne, doit faire la voiture de 60 mesures de vin de Varangéville à Autrey, fournir une voiture au temps des vendanges, et sur tous les terrains spécifiés, nous nous sommes réservé 6 fauchées de prés, 3/4 de la chenevière et 1/4 du verger.   Blé : 78^r ; av. : 30^r ; 240^l

Trois logements de vignerons que nous avons fait bâtir en 1775, dans l'emplacement de notre bergerie dudit Varangéville, sont laissés chacun pour un louis annuellement, savoir à Jean Vallin, François Voinier et Remi Valence par bail du 23 avril 1786. Leur canon payable moitié à la Purification et l'autre à la Madeleine . . . 93^l

Produit de notre labourage.

Nous faisons cultiver par nos domestiques environ 133 jours de terres de la manse abbatiale, et environ 70 de la manse canoniale, y compris les terres défrichées de la Fayne, et cela pour les trois saisons, ce qui a produit pour la présente année :

En blé, 73 resaux 3 fouraux ;
En seigle et conseigle, 16 resaux, 4 fouraux ;
En avoine, 134 resaux ;
En orge, 6 resaux ;
En sarrasin. un resal ;
En navette, 8 resaux ;
En pois, 3 resaux ;
En lentilles, un resal ;
En chenevis, 3 resaux ;
En lineuse, 3 fouraux ;
En pommes de terre, 100 resaux ;

Nous tenons en outre de la manse abbatiale 30 fauchées de prés, au pré Lanouë ; 8 au pré Houot ; 44 tant au pré du Moulin qu'au pré des Bans ; en outre, 46 fauchées de la manse canoniale ; savoir 13 au pré Houot ; 26 sous le Pransureux et 7 au petit pré.

L'étang de Villaumefontaine a été alviné le 26 février 1789, de 80 alvins de carpe dont 5 d'environ une demi-livre, de 14 petites tanches, et de 5 grosses carpes de 3 à 4 livres chacune dont 2 mâles et 3 femelles. Le froid excessif de l'hiver y a fait périr 200 à 300 alvins avec 4 à 5 mères-carpes ; 700 à 800 grenouilles ; il n'y a eu que 7 tanches laissées à la dernière pêche que l'on a retrouvées vivantes.

RENTES DUES A LA MANSE CANONICALE.

Brouvelieures.

Fleurent et Jacques Leroy doivent 1000 fr. barrois en capital, par contrat reçu de M° Fevrel, le 30 avril 1714, dont la rente est de 21 livres, 8 sols 5 deniers.

Joseph Joly dudit lieu jouissant des hypothèques a reconnu cette constitution par acte passé par M⁰ Mouchette, notaire à Bruyères, le 25 janvier 1775 . . . . . 21^l 8^s 6^d

François Romary devait 100 fr. de capital par contrat du 27 juillet 1712 ; Henry Romary, détenteur des hypothèques, est chargé d'en acquitter la rente qui est de 21 livres, 8 sols 6 deniers, comme il l'a reconnu le 2 février 1772 . . . . 21^l 8^s 6^d

Sébastien Baradel devait 1000 fr. barrois de capital par contrat reçu de M⁰ Viry, notaire à Bruyères ; Joseph

Mengin, de Brouvelieures, détenteur des hypothèques, en est chargé comme il conste par une reconnaissance du 12 février 1769 . . . . 21ˡ 8ˢ 6ᵈ

Fremifontaine.

Barbe Renard pour Demengeon devait 400 fr. barrois par contrat passé le 15 mai 1680, dont la rente est de 8 livres 11 sols 6 deniers ; Jean-François Georgé dudit lieu a reconnu que cette constitution était dans sa valeur le 5 mai 1767 . . . . 8ˡ 11ˢ 6

Antoine Duholt devait 700 fr. barrois de capital par contrat reçu le 2 mai 1742, dont la rente est de 15 livres ; Dominique Simon et Alexis Thiriet, ses gendres et détenteurs des hypothèques, sont chargés de payer, comme ils l'ont reconnu le 1ᵉʳ janvier 1772 . . . . . . 15ˡ

Dominique Simon doit 1,000 francs de capital par contrat reçu de Mᵉ Viry, notaire à Bruyères, le 30 mars 1740, dont la rente est de 21 livres, 8 sols, 6 deniers, reconnue par ledit Simon le 4 janvier 1772. 21ˡ 8ˢ 6ᵈ

Dominique Le Masson pour Barthélemy Le Masson doit 500 livres de capital par contrat reçu de Mᵉ Olivier, notaire à Rambervillers, le 18 octobre 1736, dont la rente n'est que de 21 livres, reconnue par ledit Dominique Le Masson, le 4 janvier 1771 . . . . 21ˡ

Bruyères.

Joseph Michel Grandferry, de Bruyères, doit 500 fr. barrois de capital par contrat reçu le 4 janvier 1707, par

Mᵉ Fevrel, dont la rente est de 10 livres 14 sols 3 deniers, ainsi qu'il l'a reconnu le 3 février 1772 . . . 10ˡ 14ˢ 3ᵈ

Nicolas Viry et Joseph Boursin et leurs femmes ont reconnu par acte passé par devant Mᵉ Mouchette, notaire à Bruyères, le 4 janvier 1775, être chargés d'un capital de 1,000 fr. barrois et de sa rente 5 pour cent ; lesquels étaient ci-devant à la charge de François Vaudéchamp et de Manguin. Lesdits Viry, Boursin et leurs femmes dûment autorisées d'iceux, ont hypothéqué, pour l'effet de leur reconnaissance, un champ situé à Ponitet, près de Bruyères, de la consistance de cinq jours, qui a été purgé d'hypothèques par acte du 8 mai 1775 . . . . 21ˡ 8ˢ 6ᵈ

Antoine Guérin, pour les sieurs Laurent, Abadie, Guyot et Martinpré, doit 700 livres de capital par contrat reçu de Mᵉ Viry, le 30 août 1748, dont la rente est de 35 livres ; lequel contrat a été reconnu le 19 juin 1771 par ledi Antoine Guérin 35ˡ

Le sieur Vaudéchamp et la dame Balland, de Bruyères, doivent pour Nicolas Fève 1400 fr. barrois de capital, par contrat reçu de Mᵉ Viry, notaire à Bruyères, le 9 avril 1739, qu'ils ont reconnus le 3 janvier 1772, dont la rente est de 30 livres 30ˡ

Ce capital a été remboursé par les susdits le 9 avril 1788.

Corcieux.

Nicolas Valentin, de Lanos, paroisse de Corcieux, doit 2,000 fr. de capital pour Georgel Simon, dont la rente est de 42 livres 17 sols. Ledit Valentin ayant acquetté les hypothèques le 7 avril 1772, s'est chargé de cette rente par contrat dudit jour, passé par M*e* Didiergeorge, reconnu le 22 mai 1776 . . . . 42ˡ 17ˢ

Champdray.

Nicolas Didier et Nicolas Houël, pour Louis Houël, devaient 400 livres de Lorraine dont la rente est de 20 livres, par contrat reçu de M*e* Viry, le 3 janvier 1748, reconnu par les mêmes le 12 février 1772 . . . . . 20ˡ

Sébastien Mengeon-Houël dudit lieu, devait 500 fr. par contrat reçu de M*e* Fevrel, le 25 septembre 1692, dont la rente est de 10 livres 14 3 deniers, recommandé par Jacques Rivat, détenteur des hypothèques le 22 mai 1776 . . . . 10ˡ 14ˢ 3ᵈ

Dominique Bombarde, de Painfaim, paroisse de Champdray, devait par contrat passé par M*e* Fevrel, le 15 juillet 1711, un capital de 1000 fr. barrois dont la rente est de 21 livres 8 sols 6 deniers, ce qui a été reconnu le 28 février 1772, par Jean-Baptiste Viry, gendre dudit Bombarde et détenteur des hypothèques . . . 21ˡ 8ˢ 6ᵈ

Chamblai.

Claude-Jean Marchal, de Chamblay, devait un capital de 600 fr. barrois par contrat reçu de M*e* Claudel, le 19 novembre 1705. Jacques-Joseph Marchal, son fils, tenant les hypothèques, a reconnu le 7 décembre 1771 cette constitution dont la rente est de 12 livres 17 sols. . 12ˡ 17ˢ

Viménil.

Jean-Pierre Mentrel, de Viménil, devait par contrat du

22 février 1753, passé par Mᵉ Viry, notaire à Bruyères, et reconnu par Jean-Pierre Mentrel, son fils, comme détenteur des hypothèques, le 15 mai 1774, un capital de 600 fr. barrois dont la rente est de 12 liv. 17 s.   12ˡ 17ˢ

Vomécourt.

Joseph Durin devait par contrat du 25 juin 1742, reconnu par Jean-Dominique Hélé le 10 novembre 1776, un capital de 300 fr. barrois dont la rente est de.   6ˡ 8ˢ 6ᵈ

Sainte-Hélène.

Nicolas Marchal, de Stᵉ Hélène, doit 468 fr. de capital par contrat passé par Mᵉ Viry, le 18 décembre 1747, dont la rente est de 10 livres, ainsi qu'il l'a reconnu le 25 novembre 1771 . . . .   10ˡ

Charles Guillaume, de Sainte-Hélène, pour Pierre Marchal doit par contrat passé par Mᵉ Michel, notaire à Epinal, le 6 novembre 1739, et reconnu par ledit Guillaume le 9 janvier 1770, un capital de 436 livres dont la rente est de 21 livres, 10 sols. 21ˡ 10ˢ

Rambervillers.

François Bernardin, cloutier à Rambervillers, pour Nicolas et Claude Bertrand du même lieu, doit par contrat du 6 octobre 1735, passé par Mᵉ Olivier, notaire à Rambervillers, un capital de 750 fr. dont la rente est de 16 livres un sol 6 deniers, reconnu le 31 mai 1773.   16ˡ 1ˢ 6ᵈ

Jeanménil.

Pierre Debey, de la Basse des Fourneaux, près de Jeanménil, pour Thomas Colin, doit par contrat reçu de Me La Ruel, le 18 août 1725, un capital de 700 fr. dont la rente est de 15 livres, ce qu'il a reconnu le 18 juin 1760 et le 28 avril 1776 . . . . 15^l

Xaffévillers.

Claude Georgé pour Claude Voirin, de St-Genest, doit par contrat du 24 décembre 1749, passé par M. Benoît, notaire à Rambervillers, un capital de 300 livres dont la rente est de 15 livres, reconnu par Geneviève Villaume, veuve dudit Claude Georgé, le 28 décembre 1785. 15^l

Belmont.

Nicolas Thomas, de Belmont, pour Dominique Grandjean, doit 400 livres de capital, par contrat du 5 mai 1748, passé par Me Viry; ce qu'il a reconnu le 9 juillet 1786. 20^l

CENS DUS A LA MANSE CANONIALE.

Grandvillers.

Antoine Mengeon, pour Michel, pour Sauvage et pour Hélé, doit à Noël un franc de cens sur le pré dit le Boulon, pour un anniversaire, reconnu par ledit Mengeon, le 8 novembre 1775. . . . . 8^s 6^d

Fremifontaine.

La veuve Pierre Simon, la veuve Nicolas Renard, Jean-François Georgé, Pierre Pierrot, Dominique Simon, de Fremifontaine et Dominique Renard, de Ste-Hélène, doivent pas ascencement du 8 mai 1565, sur le pré de la Cheminée, un cens de 6 gros, reconnu le 20 janvier sur une feuille de requête . . . . 4^s 3^d

Pierrepont.

Alexandre Séverin, pour Louis Quesnel, doit par contrat du 7 décembre 1566, signé Gauthier, un franc de cens sur une courtille dite la cour de Laure, reconnu le 25 janvier 1777. . . . . 8^s 6^d

Pierre Humbert, de Pierrepont, aux droits de Remy Roussel, de Beaudoin dit Dupré, doit sur la maison une poule de cens. reconnu le 27 juin 1773, dont l'échéance est au 1er octobre. . . . . 8^d

Détord.

Alexandre Séverin, aux droits de Nicolas Virion, doit à Noël, par contrat d'ascencement du 14 février 1722, sur une maison et meix située à la Haute rue d'une pointe, sur les Meix derrière, et d'autre pointe sur le pré Vosgien, un franc de cens reconnu le 6 dovembre 1776 . 8^s 6^d

Gircourt.

M. le comte de Gircourt doit 10 sols 9 deniers pour un

anniversaire fondé par le sieur Phulpin, ancien seigneur de Gircourt, ainsi qu'il appert par son testament du 3 novembre 1340 . . . . 10ˢ 9ᵈ

Bult.

Les cens dus à la manse canoniale au village de Bult sont laissés avec notre gagnage au fermier dudit lieu ; voyez l'état général de 1775, où ces cens sont détaillés.

Sainte-Hélène.

Nicolas Renard, Charles Guillaume et Dominique Bresson, doivent, le 12 novembre, chacun un chapon et deux bons deniers de cens sur leurs maisons et jardins, entre les représentants Claudon Hognel, d'une part, et ceux de la Chantavoine d'autre, et à la décharge de Claude Epinat et de Jean Basselin, ce qu'ils ont reconnu le 31 mai 1772 . . . . 6ᵈ

Jean-Hubert Balland, Joseph Mathis, Sébastien Renard et Jean Humbert doivent à Noël un cens de trois blancs, sur une cour située à La Voivre, à la décharge de Dominique Melé, ainsi que ledit Balland l'a reconnu le 16 juin 1776 . . . . 1ˢ

Jean-Baptiste Lambiel, comme tuteur de Jean-François Julien, doit à Noël un gros de cens sur un champ à Hermangoutte, reconnu le 19 juin 1776 . . . . 9ᵈ

Nicolas Renard, pour Antoine Renard, doit à Noël, sur un jardin, un gros de cens reconnu le 30 mai 1772. 9ᵈ

Sébastien Renard, pour les héritiers de Jacques Bédel,

doit le 9 mars, sur une cour dite à la Célaute, un gros de cens qu'il a reconnu le 13 juin 1776 . . . . . 9ᵈ

Nicolas Renard et les dames de la Congrégation d'Epinal doivent à Noël, sur une cour, un gros de cens qu'il a reconnu le 13 juin 1776. . . . . 9ᵈ

Saint-Gorgon.

Joseph Bourgon, aux droits de Joseph Jeandel et de Jean Drapier, doit à Noël sur une maison et ses usuaires jusqu'au bois, un franc de cens reconnu le 26 décembre 1774. . . . . 8ˢ 6ᵈ

Rambervillers.

Nicolas Diez, aux droits de Gérard, de Puligny, doit à Noël un franc de cens sur sa maison allant à Parmoulin, dans la grande rue, par contrat passé par Mᵉ Cachet, en 1559, ce qu'il a reconnu le 21 décembre 1766 . 8ˢ 6ᵈ

Housseras.

Joseph Petitjean, de Housseras, aux droits de Mengeon et de Jean Pierron, doit à Noël, sur le meix Marthe, par contrat d'ascensement du 26 septembre 1611, signé : Thiriet, 3 francs de cens qu'il a reconnus le 26 janvier 1766 . . . . 1ˡ 5ˢ 6ᵈ

Jean-Joseph Petitjean, de Housseras, aux droits de Jean Petitjean, son père, de Georges Bic et de Chopat, doit à Noël, par contrat du 26 septembre 1597, un chapon de cens sur un pré au-dessus du village, lieudit au Meix pré reconnu en 1760 . . . . chapon 1

Joseph Marchal aux droits de Jean Petitjean, de Claudon de la Souche, doit à Noël, par contrat d'ascensement du 27 décembre 1621, signé : Ste Catherine, sur un meix lieu dit à la vieille guerre un chapon de cens reconnu le 27 novembre 1775, par ledit Joseph Marchal. Chapon 1

Etienne Georges, pour Dominique Georges, doit le 6 septembre 1766, signé : Tardu, notaire à Rambervillers, un cens de 3 livres 6 sols 6 deniers. . . . . . 3^l 6^s 6^d

Jeanménil.

Sébastien Aubry, aux droits de Paradis et de Jean de la Fraze doit à Noël, sur une maison au haut bout du village en allant à la Fraze, un chapon de cens, reconnu le 12 juin 1772 . . . . Chapon 1

Varangéville.

Léopold Vigneron doit par contrat d'ascencement du 11 décembre 1770, 5 sols de cens pour un droit de passage qu'il a dans la ruelle à côté de notre vendangeoir de Varangéville.

La veuve Molard dudit lieu doit 6 livres de cens sur une vigne contenant un jour et demi située au Meza reconnu en 1772. . . . . 6^l

Vignes de Vigneulles.

En 1772, nous avons fait arpenter nos vignes de Vineulles : il ne s'est trouvé que 9 jours 5 omées 21 toises, andis qu'on croyait y en avoir 10 jours et demi ; on n'a pu ncore découvrir d'où vient ce déficit.

Vignes d'Ars-sur-Meurthe.

Par l'arpentage de nos vignes d'Ars-sur-Meurthe, fait le 4 mai 1775, nous avons trouvé sur ledit ban, 4 jours 3 mées, 16 toises, 5 pieds, dont une d'un jour 7 omées est bail emphithéotique affecté d'un cens de 60 fr. barrois ayable annuellement au receveur des pauvres de la paroisse St Epvre à Nancy.

Vignes sur le ban de Varangéville.

Nous avons, suivant le même arpentage de 1775, à Varangéville 28 jours 6 omées de vignes, y compris le champ u haut de Meza avigné en 1775, et la vigne du parerre derrière notre vendangeoir. Toutes ces vignes nous ont onné à la dernière vendange 780 mesures. Vin : 780 mes^{es}

NOTA. Pour la garde des vignes de St Flin et de Varangéville on doit 5 gros par jour de vignes.

Pour celles d'Ars-sur-Meurthe, 15 sols par jour.

Pour celles de Vigneulles un franc.

On doit pour droits de pressurage à Vigneulles 2 fr. par ur.

On paie la dîme au douzième à Ars-sur-Meurthe.

A Varangéville, au vingt-quatrième.

A Vigneulles au douzième sur les anciennes vignes et au ix-huitième sur les nouvelles.

Nous devons 4 poignets ou pots de blé à M. de Lenonourt sur la vigne de Vignot à Varangéville.

Nous devons à la communauté de Varangéville 3 livres 8 sols sur la vigne dite la Payse.

Nous devons 40 livres 5 sols de cens au prieuré de Varangéville sur nos vignes du Clos dessous et de la Petite corvée ; sur la vigne susdite d'Ars-sur-Meurthe, 25 livres 14 sols 3 deniers à la fondation de Madame de Lisle pour les pauvres de la paroisse St-Epvre à Nancy.

Nous devons aux bénédictins de St-Nicolas 2 mesures de vin sur 2 vignes situées au Clos dessus.

Nous devons au seigneur de Vigneulles sur nos vignes dudit lieu une mesure de vin.

Nous payons aussi le 20e sur une partie de nos vignes de Varangéville et autre bien situé audit lieu : 89 livres 10 sols 6 deniers.

Par transaction du 8 octobre 1772, signé Renaud, notaire à St-Nicolas, Nicolas Thomassin du même lieu nous a cédé la jouissance d'une vigne contenant un jour à côté d'une des nôtres pour autant d'années qu'il n'aura pas remis en état notre dite vigne de Lobsçu, comme elle était avant qu'il eût fait ouvrir une carrière de plâtre.

NOTA. Que cette vigne de Thomassin fait partie de 28 jours 6 omées de vignes rapportées ci-devant que nous avons à Varangéville.

Nous tenons aussi par bail sous seing privé du 11 décembre 1777, pour 9 années entières et consécutives qui ont commencé le 11 novembre précédent, 12 jours 6 omées de vignes appartenant aux ci-devant Jésuites sous un canon annuel de 516 livres 13 sols 4 deniers, moitié à la St Jean 24 juin, et l'autre à Noël ; lesquelles vignes sont situées sur les bans de St-Nicolas, Varangéville et Rozières. Elles ont produit la vendange dernière 120 mesures.

Nota. On doit payer aux bénédictins de St-Nicolas 16 pots de vin pour cens affecté sur une des susdites vignes située au Clos dessus.

2° 4 livres, 18 sols, 6 deniers au prieuré de Varangéville, aussi pour cens affecté sur une au Clos dessous.

3° 3 francs barrois à la ville de Rozières pour cens affecté sur celle de Maha.

Nous, Nicolas Gillet, assistant du général des chanoines réguliers de la Congrégation de Notre-Sauveur, député par ledit général pour faire la visite annuelle et régulière de la maison d'Autrey, après avoir lu le présent état général des biens et revenus de la manse canoniale de ladite maison, qui commence au 1er juillet de l'an 1787 et finit à pareil jour de l'an 1788, avoir confronté les différents articles de sa recette avec les baux et autres titres qui en sont les principes, et avoir fait les corrections que cette confrontation a pu exiger, nous avons trouvé que la recette en argent se montait à la somme de 13572 livres 19 sols ; celle en blé de 291 resaux 3 fouraux ; celle en seigle et conseigle de 16 resaux 4 fouraux ; celle en avoine de 242 resaux ; celle en orge de 6 resaux ; celle du sarrasin de 1 resal, celle en navette de 8 resaux ; celle en pois de 2 resaux 3 fouraux ; celle en lentilles d'un resal, 3 fouraux ; celle en chenevis de 3 resaux ; celle en pommes de terre de 100 resaux.

Fait et arrêté à Autrey le 23 du mois d'août de l'an 1788, Signé : GILLET, assistant.

APPENDICE VI

Je donne plusieurs listes des abbés d'Autrey, d'après D. Hugo d'Etival, — d'après la Gallia Christiana, — D. Calmet et une 4° très peu modifiée d'après des recherches personnelles, — on verra qu'elles ne sont pas toujours d'accord.

Quelques noms sont passés dans l'une ou l'autre. Ensuite il y a des incertitudes sur les dates. Ceci tient à plusieurs causes :

Certains abbés ne sont connus que par des actes d'acquets ou d'ascensements qu'ils ont signés ; et la date indique seulement qu'à cette heure ils étaient à la tête du monastère. — D'autres prenaient des coadjuteurs et l'époque de leur démission a été confondue avec celle de leur mort. Et les abbés résignataires continuaient parfois à signer des actes d'administration des affaires de l'abbaye, ou bien ils étaient encore appelés abbés d'Autrey dans certaines dates de confirmation des droits et privilèges du monastère.

LISTE DES ABBÉS D'AUTREY.

Extrait de Sacræ antiquitatis monumenta sur Autrey,
par D. Hugo d'Etival.

FONDATION : 1144

1. Anselme (1).
2. Milon. Bulle de Lucius . . . . . 1182.
3. Widric. Confirmation de Bertrand. . 1187.
4. Ancelin . . . . 1188+1208.
5. Rodolphe. . . . . +1209.
   De 1209 à 1290, on ne connaît pas d'abbé.
6. Demenge. . . . . 1294.
   Fait un accord avec l'abbesse d'Epinal.
7. Jean Gerson. Confirmat. de Gérard,
   évêque. . . . . 1299.
8. Gérard vivait en. . . . . . 1307.
9. Jean . . . . +1340.
10. Mathieu. Adhémar de Metz le protège en 1347.
11. Jacquemin. . . . . +1389.
12. Jean de Pontretin . . . . . . +1417.
13. Jean Gemel . . . . +1439.
14. Didier Chailley . . . . . . +1469.
15. Jean du Chastel . . . . . . +1481.

(1) Le 1ᵉʳ abbé se nommait Anselme où Ancolinus, comme on le voit par un titre de 1178, par lequel cet abbé reçoit au nom de son église un pré dépendant du domaine et seigneurie de St-Dié, relevant du chapitre, sis au ban et finage de Destord et Stᵉ-Hélène, et cela par l'entremise des vénérables Galterus doyen, et Rodericus, chantre.

C'est du vivant de cet abbé que Theodoric, évêque de Metz, successeur d'Etienne de Bar, confirma la fondation de l'abbaye d'Autrey,

C'est le titre le plus ancien possédé par les archives de l'abbaye.

16. Jean Renaud, obtient des indulgences
   pour fête de St-Hubert en . . . . 1483.
17. Nicolas Mercier . . . . 1500—1523.
18. Claude Steveney . . . . +1548.
   Réparations de l'église. Son épitaphe.
19. Thomas Pierrel . . . . 1548+1554.
20. Jean Chatelain en 1577,
   démissionnaire.
21. Claude Chevalier en 1593,
   démissionnaire.
22. Nic. Laurent, dit Malhoste, en . . 1634,
   démissionnaire.
23. Nic. Serauville. Union à la Congrégation en 1656, résigne sa charge en 1660.
24. Ch. Midot . . . . 1660+1699.
   premier abbé commendataire.
25. Sulpice-Joseph Pastoret, natif d'Aoste. 1699+1721.
26. Claude-François Duval . . . . . 1721.

Liste de D. Calmet.

1144

1. Anselme . . . . 1165—1178.
2. Milon . . . . 1182—1186.
3. Widric.
4. Ancelin . . . . 1208.
5. Rodolphe . . . . +1209.
6. Dominique.
7. Jean Gerson . . . . +1299.

8. Gerard . . . . 1303+1315.
 9. Jean . . . . +1340.
10. Mathieu, vivait en . . . . . . 1352.
11. Nicolas . . . . +1381.
12. Richard . . . . 1383.
13. Jacques . . . . +1389.
14. Jean de Pontretin . . . . . +1407.
15. Jean Gemel . . . . +1439.
16. Didier Chaillez . . . . . . +1469.
17. Jean du Chastel . . . . . . +1481.
18. Jean Renaud. . . . . . . 1483.
19. Nicolas Mercier . . . . . . +1513.
20. Cl. Steveney . . . . . . +1548.
21. Thomas Pierrel . . . . . . +1554.
22. Jean Chatelain . . . . . . +157..
23. Claude Chevalier. . . . . . 1577.
24. Nic. Laurent. . . . . . . +1634.
25. Nic. Serauville . . . . . . 1660.
26. Ch. Midot. . . . . +1699.
27. Joseph-Sulpice Pastoret. . . . +1721.
28. Cl. François Duval.

Liste des Abbés, d'après la Gallia Christiana.

1. Anselme . . . . 1172—1178.
2. Milon . . . . +1186.
3. Widric, vivait en. . . . . . 1187.
4. Ancelin . . . . 1188+1208.
5. Rodolphe.
   Successeurs inconnus jusqu'en. . . 1290.
6. Dominicus . . . . +1295.

7. Jean Gerson . . . . 1299.
8. Gérard . . . . . . 1303, 1307, 1315.
9. Mathieu . . . . +vers 1360.
10. Nicolas . . . . 1384.
11. Richard, vit en . . . . 1383.
12. Jacob, vit en . . . . 1389.
13. Jean de Pontretin . . . . +1417.
14. Jean Gemel . . . . . . 1439, 1452.
15. Didier Chaillez . . . . +1469.
16. Jean du Chatel . . . . +1481.
17. Jean Renaud . . . . 1483+1489.
18. Nicolas a Castro . . . . 1507.
19. Nicolas Mercier . . . . 1513.
20. Claude Steveney . . . . +1548.
21. Thomas Pierrel . . . . . . 1548+1554.
22. Jean Chatelain, abdique en . . . 1577.
23. Claude Chevalier, abdique en . . . 1593.
24. Nicolas Laurent, cède l'abbaye en . . 1634.
25. Nic. Serauville, unit à la Congrégation
 en 1656 et résigne en . . . . . 1660.
26. Ch. Midot . . . . +1699
27. Joseph-Sulpice Pastoret . . . . +1721.
28. Cl. François Duval . . . . . +1740.
29. Benoît Hurault . . . . . . +1748.
 Un abbé de Lésignac est omis.
30. N. de Rome . . . . 1752+176.
31. Barthel.-Louis Chaumont de la Galaizière, dernier abbé commendataire,
 nommé évêque de St-Dié . . . 1775.

Autre liste.

1. Etienne. Très probablement ; d'après Metellus . . . . 1145.
2. Anselme . . . . 1172—1178.
3. Milon. . . . . 1182+1186.
4. Wuideric. . . . . +1187.
5. Ancelin . . . . 1187+1208.
6. Rodolphe. . . . . 1208+1255.
7. Richard, d'après cartulaire de Senones vivait en . . . . 1260.
8. Vuillaume ? ?
9. Demenge . . . . 1290+1295.
10. Jean Gerson . . . . 1295+1299.
11. Gérard . . . . +1340.
12. Jean . . . . 1340+1342.
13. Thiébaut . . . . 1343.
14. Jean Mathieu. . . . . . . 1344+1380.
15. Nicolas . . . . 1381.
16. Richard 2e . . . . +1389.
17. Jacquemin . . . . 1389+1417.
18. Jean de Pontretin . . . . . 1417+1421.
19. Jean Gemel . . . . 1427+1452.
20. Jean Benich . . . . 1453.
21. Didier Chailley . . . . . . 1462+1478.
22. Noel ou Jean-Nic. du Chastel . . . 1479+1482.
23. Jean Renauld. . . . . . . 1483+1489.
24. Nicolas Mercier . . . . . . 1500+1522.
25. Claude Steveney. . . . . . 1523+1548.
26. Thomas Pierrel . . . . . . 1548+1554.

27. Jean Chatelain . . . . 1554+1579.
28. Claude Chevalier. . . . . . . 1577+1593.
29. Nicolas Laurent . . . . 1593+1634.
30. Nicolas Serauville . . . . . . 1634+1660.
31. Pierre-Ch. Midot . . . . . . 1660+1699.
32. Joseph-Sulpice Pastoret. . . . . 1699+1721.
33. Claude-Fr. Duval . . . . . . 1721+1740.
34. Benoît Hurault . . . . 1740+1748.
35. Le comte Louis de Selignac. . . . 1748—1751.
  Démissionnaire.
36. Nic. de Rome . . . . 1751+1769.
37. Barth.-L. Chaumont de la Galaizière, 1775.
  4e Abbé commendataire, puis Evêque de
   St-Dié . . . . 1777.

NOTES

A

Rien n'indique qu'une commanderie des Templiers ait jamais existé près de Brouvelieures (Bellieures) dans les bois Chevillard ou Chevalard. Ces bois, où on veut la placer, n'offrent que des ruines certainement gallo-romaines, et les monuments funéraires qu'on y a trouvés sont de la période gallo-romaine. Les papiers et les documents de l'abbaye n'en font aucune mention, ni aucune liste des commandeurs. Aucune tradition certaine ne le rappelle, aucune propriété n'est mentionnée comme lui ayant appartenu, ni four banal, ni étang, ni moulin, ni bois et absolument aucune trace : rien ne rappelle leur séjour comme anciens seigneurs. Comment leurs droits si nombreux et si variés n'auraient-ils laissé aucun souvenir ? Ce qui a pu induire Gravier en erreur, c'est qu'on appelle dans nos contrées, *Templiers*, toutes les ruines anciennes. Le monument qu'il a fait transporter à la forge de Mortagne était un cippe funéraire avec une statue sépulcrale. On y a trouvé une petite pyramide tronquée en belle terre à poterie rouge et fine de 0,40 c. qui est, je crois, entre les mains de M. Paul Chavanne, près de Bains. — Il y a des ruines dans les forêts de Fremifontaine et non de Brouvelieures, mais d'un *atrium* ou enceinte, ou cimetière gallo-romain.

En 1292, un titre concernant Hardancourt porte que Renaut, sire de Romont, donne au commandeur du Temple la foueresse en ses bois et tout le bois de marnage gros et menu qui convient à la maison. Et l'on sait que Hardancourt, d'abord aux Templiers, passa ensuite aux Hospitaliers ou chevaliers de Malte de la Commanderie de St Jean-du-Vieil-Aitre. Rien de semblable n'est indiqué pour Brouvelieures et ses forêts, qui continuèrent d'appartenir au seigneur de Romont. Cependant la maison du Temple de *Bellewere* est mentionnée par le pouillé de 1402, comme appartenant aux Hospitaliers depuis la destruction des Templiers. Comment concilier ce fait avec le silence de tous les titres ?

B

Hugues Métellus, chanoine régulier de S¹ Léon de Toul, et originaire de Toul, mort vers 1157. Ses lettres, publiées par D. Hugo, d'Etival, sont intéressantes, et plusieurs très-curieuses. La 1re, à S¹ Bernard, renferme ces mots, qui sont vrais de tous temps : *Multi nobiliter ignobiles, et multi ignobiliter nobiles.* — Il écrit aux grands personnages de son temps: à S¹ Bernard, à Abélard, Albéron de Trèves, Etienne de Metz. La 22e, à Etienne, abbé des chanoines réguliers, le reprend sévèrement, comme je l'ai dit ailleurs et il me semble que c'était le sieur abbé d'Autrey, mis à la tête de l'abbaye par Etienne de Bar.

Ardent soutien de la discipline, il reprend avec amertume les évêques de son pays et de son époque, il poursuit énergiquement les hérésies qui avaient cours alors. Son style est toujours recherché et court après l'antithèse, il vise à l'esprit même quand il veut faire du sentiment, et tombe dans l'exagération et la rhétorique. Possédant toute l'instruction de son temps, il se fit tard religieux. Et par la position et la naissance des personnes avec lesquelles il est en correspondance, on voit en quelle estime étaient son nom et sa science. Il parle volontiers de lui; se peint logicien, grammairien, rhétoricien, géomètre, arithméticien, astronome, méthaphysicien, géographe, poète à ses heures et théologien. Poète à la façon de son temps, de tours de force et de subtilités barbares. On lui attribue le roman de Garin le Loherain, ce qui lui ferait honneur. Enfin il aborda la scolastique et la théologie, l'Ecriture Sainte et les Pères qu'il recommande surtout à ses disciples, combattant sans cesse pour les dogmes qu'il cherche à expliquer, étudie surtout S¹ Ambroise, S¹ Augustin, S¹ Jérôme, Boèce, mais théologien parfois peu sûr dans ses décisions aventureuses. Enfin religieux ardent, passionné pour son ordre, et ennemi non moins passionné d'un ordre rival et naissant, dont il ne comprenait ni le but ni la nécessité.

Dans une lettre à Henri, évêque de Toul, et à Alberon, plus tard archevêque de Trèves, il fait un tableau fort triste de l'état religieux et moral du diocèse de Toul, un peu avant 1147, état qui provoquait une prompte réformation du clergé comme du peuple. C'est l'époque où était fondée l'abbaye d'Autrey. De toutes manières, c'est une figure curieuse de ces temps.

C

Epitaphe de Claude Berlandier, fol de céans.

Cy-gît Claude Berlandier
Qui n'eût science ni métier.
Néanmoins véquit longue vie,
Joyeux, content et sans envie.
Passant, ce fut un fol plaisant,
Fol qui soulait donner à rire,
Fol sans malice, ou pour mieux dire
Ce fut un tout simple innocent.
Il fut grand, robuste, homme fort
Qui fit paraître sa vigueur
En l'érection de ce chœur
Par un laborieux effort.
Il portait charge double, triple,
S'il était flatté dextrement,
Mais ne faisait rien autrement
Ni pour maître, ni pour disciple.
Il continna son service
A quatre prélats de ce lieu,
Puis rendit sa belle âme à Dieu
Nette de péché et de vice.
C'est la vie et la mort, c'est l'histoire
De ce fol, mais fol nullement,
Car Dieu l'a reçu en sa gloire
Qu'il donne aux sages seulement.
Il décéda l'an 1556, 4 septembre.

Nous possédons deux ou trois poëtes en ce moment qui réussissent presque aussi bien.

D

22 janvier 1791. — En vertu de l'article 14 de la loi du 14 octobre 1790, les maires et officiers municipaux de Rambervillers se sont

présentés au couvent des Dames religieuses du St-Sacrement, pour dresser un état de toutes les religieuses qui composent ce monastère et pour recevoir leurs déclarations, si elles entendent sortir de leur couvent ou continuer de vivre en communauté. Ces Dames, au nombre de 24, ont toutes déclaré aimer mieux mourir que de quitter la vie commune à laquelle elles se sont engagées par leurs vœux.

1. Mère Michel, ayant pour nom de famille Jeanne Martin, de Mattexey.
2. Mère des Anges, Anne-Marguerite Mangin de Charmes.
3. Mère St-Bernard, Jeanne-Françoise Geant, de Beulotte-St-Laurent en Comté.
4. Mère St-Benoît, Anne-Catherine Durain, de Lesseux.
5. Mère St-Colomban, Marie-Anne Peterman, de Colmar.
6. Mère Marie-Anne, Marguerite Bailly, de Hardancourt.
7. Mère Ste-Flavie, Marie Bailly, de Hardancourt.
8. Mère Ste-Claire, Elisabeth Mutel, de Bourmont.
9. Mère Agnès, Madeleine Heymann, de Ste-Croix, près Colmar.
10. Mère Placide, Elisabeth Doter, de Kinzheim en Alsace.
11. Mère Bénédict, Marie-Madeleine Herne, de Châtenois, Alsace.
12. Mère Conception, Catherine Blaux, de Lunéville.
13. Mère Scolastique, Marie Burchard, de Gerberschwiller.
14. Mère Ursule, Elisabeth Poirot, de Rambervillers.
15. Mère Mectilde, Jeanne-Baptiste-Geneviève Henry, de Faucogney.
16. Mère Thérèse, Marie-Françoise Bœcler, de Moltzeim.
17. Sœur Jeanne-Baptiste, J.-Baptiste Géant, de Beulotte-St-Laurent.
18. Sœur Madelaine, Marie Pétrement, de Rambervillers.
19. Sœur Libaire, Catherine Jussey, de Rambervillers.
20. Sœur Marie-Marthe, Marie-Agathe Pinot, de Coraviller.
21. Sœur Elisabeth, Marie-Barbe Cunin, de Frapel.
22. Sœur Françoise, Jeanne Masson, de la Houssière.
23. Sœur Gertrude, Odile Chassel, de Totenroth, Alsace.
24. Sœur Bathilde, Marie-Thérèse Dieudonné, de la Bourgonce.

18 avril 1791. — Marie-Madelaine Herne, de Châtenois en Alsace, appelée Mère Benedict, a exposé aux officiers municipaux, que sa santé ne lui permettant plus de continuer la vie monastique, elle désire profiter de l'avantage que lui offre la loi, et vouloir sortir de la maison pour se rendre dans le district de Benfeld, pour y jouir de la

pension que la loi lui accorde, se réservant de rentrer dans la vie commune, quand sa santé le lui permettra.

Qui n'a lu ou entendu quelques déclamations sur les pauvres victimes cloîtrées, des Diderot, Laharpe et de tant d'autres ? En un seul jour, les clôtures furent mises à néant, les vœux monastiques furent déclarés nuls. La plupart des femmes religieuses comme ici, ont été arrachées du cloître violemment, et y sont rentrées librement dès qu'elles ont pu.

1ᵉʳ mars 1791. — Le maire et les municipaux de Rambervillers se sont transportés au couvent des R. P. capucins de cette ville, afin de recevoir leurs déclarations, s'ils entendent vouloir sortir de leur couvent, ou continuer d'y vivre en communauté : voici la réponse faite par chacun des 9 religieux composant le monastère.

(Je suis heureux de donner leurs noms comme plus haut ceux des religieuses du Sᵗ-Sacrement.)

1. Nicolas Lambert, de Bruyères, en religion frère Justin, gardien du monastère, a déclaré vouloir continuer la vie commune.
2. Jean-Louis Grandgury, de Fontenoi, en religion frère Louis, prêtre, vicaire du monastère, a déclaré vouloir continuer la vie commune et se retirer à Nancy, si la maison des capucins y est conservée.
3. Jean-Joseph Laxonnaire, de Taintrux, en religion frère Henry, prêtre, a déclaré vouloir demeurer dans la vie commune.
4. Claude-François Maldidier, de Blâmont, en religion frère Zacharie, prêtre, a déclaré vouloir se retirer à Sᵗ-Martin, près de Blâmont.
5. Jean-François Blaise, de Laveline, en religion frère Sylvestre, prêtre, a déclaré vouloir continuer la vie commune, et se retirer à la maison de Sᵗ-Dié.
6. Pierre Mechel d'Erhleim, duché de Luxembourg, en religion frère Célestin, prêtre, a déclaré comme le précédent.
7. François Colin, de Bertrimoutier, en religion frère Dieudonné, laïc, a déclaré comme le précédent.
8. Joseph-Didier Lhuilier, de Lunéville, en religion frère Pacifique, laïc, a fait la même déclaration.
9. Evre Jenesson, de Jersey, en religion frère Stanislas, laïc, a déclaré vouloir continuer de vivre en communauté avec les prêtres au couvent de Charmes.

Extrait des actes de la Mairie de Rambervillers.

F

Saintois ou Xaintois, — D'où vient ce nom ? Voici d'abord bien des manières de l'écrire :

Pagus Suentensis, 661.— *Sugentensis*, 709.— *Suggentinsis*, 784.— *Sungintensis*, 800. — *Suentisiacum*, 839. — *Suentisium, Segintensis*, 892. — *Sointinsis*, 942. — *Segintensis, Segnitisis, Segintisis*, 957. — *Sanctensis*, 760 et *Sagatensis* en 1111.

Les noms de localités ont beaucoup varié, soit par la faute des copistes ou autrement ; mais nul n'a éprouvé des variations aussi nombreuses et singulières que le Xaintois. La première traduction latine de ce nom a été *Sanctesis pagus*. Et de fait, ce nom a pu être aisément appliqué à la contrée dominée par la montagne sainte des Leucks, le Wooddun ou montagne de Dieu, le Vadunum, le Vadanimons des Romains. Les traces encore visibles des travaux des Gaulois, la grande quantité de monnaies gauloises qu'on y trouve encore, indiquent un point central de réunion des populations aborigènes. Il y avait là un castrum important. Au X° siècle, il n'y a plus qu'une chétive chapelle, visitée par S¹-Gérard, l'église de Soyon, dont les moines oubliant l'ancienne étymologie, ont fait *Ecclesia sanctesis* et *semitensis*. Pour le peuple, ça toujours été Soyon, et par altération Cyon et Sion. Le castrum avait le nom même de l'église et le nom du Pagus qu'il domine, *Pagus Suentisis* avec toutes ses altérations.

Voici les deux étymologies les plus probables :

La première tire son nom de suin, swin, porc, soin, gardé dans le suin, saindoux, marsouin, et dans le mot chons ou xons, résidus du saindoux, et dans plusieurs localités plus ou moins modifié : Soixon devenu Saxon, Soyon devenu Cyon, Sion, Suenviller, Sionviller, Et pour le peuple, c'est toujours le *pagus Suentensis*, le Xaintois, dans sa forme lorraine, comme le *pagus Calvomontensis* est toujours le Chaumontois et le *pagus Salinensis*, le Saunois.

Cette étymologie n'a rien d'étrange, vu l'élevage des porcs dans cette région. Le Saintois avant l'arrivée des Romains, était presque complètement couvert de forêts de chênes parcourues par les innombrables troupeaux de porcs, presque sauvages, objet pour les populations Leuquoises d'une industrie et d'un commerce déjà considérable.

et leur richesse principale, comme le remarque Strabon de la Gaule-Belgique, qui de son temps envoyait ses salaisons jusqu'en Italie, et comme Varron déjà vantait l'industrie des Gaules dans les soins de la race porcine et des préparations de la viande, en donnant pour preuve de l'estime qu'en faisaient les Romains, l'introduction en Italie des saucisses et jambons préparés en Gaule. Et nul doute que les plaines argilo-calcaires n'aient été éminemment propres aux forêts de chêne au sein desquels pouvaient seulement se faire cet élevage et cet engraissement.

La deuxième étymologie a dû tenir à un nouvel état du pays, qui défriché et cultivé par les nombreux établissements romains qui le couvrirent de grandes villæ lui fit prendre le nom de *Segintensis* de *Segetes*, pays riche en moissons, comme aujourd'hui encore il est resté un grenier d'abondance sous ce rapport.

Antérieurement peut-être encore celui de *Pagus Sagittensis*, tiré de l'habileté des Leucks, à manier la flèche.

D'autres localités ont bien tiré leur nom d'animaux, Bouxillon, La Vacheresse, Bergerie, Jars-aux-Oies, etc. Pourquoi le Xaintois n'aurait-il pu tirer le sien du porc ?

C'est à bon droit que je donne à ce rapide travail le simple titre de *Notice*.

J'aurais pu le grossir de pages nombreuses, si j'avais voulu tirer plus ample parti d'une foule de bulles, de donations et de confirmations, d'actes d'acquêts, d'ascensements, de requêtes, d'arrêts de la cour de Marbre et de factums plus longs qu'intéressants, surtout au sujet de l'éternel procès avec les Evêques de Metz, MM[grs] de Coislin, de St-Simon, de Laval-Montmorency, tant de la part des Religieux d'Autrey que de la part de l'Evêché. Mais à quoi bon ? vu le peu d'intérêt qu'offriraient à la plupart ces titres et ces actes, j'ai cru devoir me contenter d'une analyse générale, pour ne pas trop fatiguer les quelques lecteurs qui s'aventureront à me suivre. Et encore !

Toutefois le peu que je donne est suffisant à mon but. J'ai voulu, en les livrant à l'impression, ne pas laisser perdre les documents recueillis par M. Deguerre, et suggérer à d'autres l'idée de faire des recherches plus curieuses et plus approfondies.

Cette courte notice pourra du moins, si je ne me trompe, leur servir de point de départ.

C'est là toute mon ambition.

St-Ouen, 1er juin 1884.

E. CH.

TABLE DES MATIÈRES

	Pages.
AVANT-PROPOS.	
INTRODUCTION.	5
CHAPITRE 1er. — Fondation par Etienne de Bar. — Donations. — Limites. — Confirmation de Théodoric	18
CHAPITRE II. — Bulle du Pape Lucius III. — Les premiers Abbés. — Constitution du duc Simon. — 1187. Confirmation de l'Evêque Bertrand, du duc Ferri II, de Bouchard de Metz, et concession de Ferri III, 1272.	21
CHAPITRE III. — Confirmation d'Adhémar. — Droits de glandée, de charbons et de deux muids de sel	26
CHAPITRE IV. — Acquêts à Fremifontaine. — Ascensements. — Redevances seigneuriales de Fremifontaine-la-Haute	31
CHAPITRE V. — Confirmation de l'Evêque Henri de Lorraine, de Jean de Lorraine et de Nicolas, Evêques de Metz.	36
CHAPITRE VI. — L'Abbé Steveney. — Réparations de l'Eglise.	40
CHAPITRE VII. — 1548-1575. — L'Abbé Pierrel. — L'Abbé Châtelain. — Contestations sur la pêche, le droit de chasse. Lettre du cardinal de Lorraine.	45
CHAPITRE VIII. — L'Abbé Chevalier. — L'Abbé Laurent qui change la couleur de l'habit. — Son mémoire sur St-Hubert.	49
CHAPITRE IX. — Pèlerinage de St-Hubert	53
CHAPITRE X. — 2e période. — L'Abbé Serauville. — Ruines de l'Abbaye. — Réforme et union à la Congrégation de N. S.	62
CHAPITRE XI. — Suite. — Traité d'union de 1656. — Les conditions. — Visite et constatation des ruines. — Transaction entre l'Abbé et les Religieux	69
CHAPITRE XII. — Commende. — 1er abbé commendataire. — Premières difficultés. — Transaction	77
CHAPITRE XIII. — Difficultés. — Arrangements divers. — Désastres de 1675. — Foi et hommage au Roi. — Déclaration des biens en 1681.	83

Chapitre XIV. — Querelles pour les bois avec l'Evêché de Metz.
Chapitre XV. — Joseph-Sulpice Pastoret, 25º abbé régulier, 1699-1721. — Contestations pour la scierie de Chillimont et les bois nécessaires
Chapitre XVI. — Traité de 1709. — Bâtiments conventuels reconstruits. — Reconstruction de la nef de l'Eglise.
Chapitre XVII. — Claude-François Duval, 26º abbé. — Ferme de la Voivre réparée. — Procès avec le curé de Glonville. — Procès pour carrières. — Et toujours le procès avec Metz
Chapitre XVIII. — Encore le procès avec Metz. — Derniers Abbés
Chapitre XIX. — Admission des novices et profession
Chapitre XX. — Etat de la mense conventuelle en 1698 et en 1789.
Chapitre XXI. — La mense abbatiale réunie à l'Evêché de St-Dié. — Dernières réflexions. — Triste dénouement.
Chapitre XXII. — Recollement. — Inventaire. — Estimation des biens. — Soumission de Joseph Colombier. — Vente. — Résurrection
Note sur l'explication de quelques vieux mots.
Appendice I. — Bulle du pape Lucius III.
Appendice II. — Constitution du duc Simon, 1182
Appendice III. — Etat des biens et revenus de la mense abbatiale en 1748.
Appendice IV. — Pied-terrier des biens et héritages des Religieux en vertu de la séparation des menses et autres titres.
Appendice V. — Etat général de la mense canoniale d'Autrey pour l'année 1788, avec une note sur Etienne de Bar
Appendice VI. — Listes des abbés d'Autrey, d'après D. Hugo d'Etival, la *Gallia Christiana*, D. Calmet, et une 4º.
Note A, sur une commanderie de Templiers près Brouvelieures.
Note B, sur Hugues Métellus.
Note C. — Epitaphe de Claude Berlandier
Note D. — Les noms des capucins et des Dames religieuses de Rambervillers restés fidèles à leurs vœux
Note F, sur le Xaintois.

Epinal, V. Collot. Imp.

Plan de la dotation d'Autrey par Etienne de Bar : canton d'Autrey, contenant 5300 arpents
5300 dont 1300 défrichés.
4000 en bois dits forêt d'Autrey.

Carte dressée par les Religieux d'Autrey et vérifiée en 1712
par Thorel, avocat de l'Ev. de Metz et par lui remise au
officier de l'Ev. de Metz et Thorel, avocat.

Faite avant l'arrêt de 1751.

www.ingramcontent.com/pod-product-compliance
Lightning Source LLC
Chambersburg PA
CBHW071947160426
43198CB00011B/1575